Michael Schulz

Karl Rahner begegnen

SANKT ULRICH VERLAG GmbH

Titelbilder: KNA; A. Waschel, Wien (der Rechtsinhaber konnte nicht ausfindig gemacht werden, Abdruck mit freundlicher Genehmigung des Kösel-Verlag-Archives)

Die Deutsche Bibliothek – CIP-Einheitsaufnahme

Schulz, Michael
Karl Rahner begegnen / Michael Schulz
Augsburg: Sankt Ulrich Verl., 1999
ISBN 3-929246-37-6

Layout und Umschlaggestaltung:
Cornelia Harreiß-Kraft
Druck und Herstellung: Ludwig Auer GmbH, Donauwörth
Printed in Germany
ISBN 3-929246-37-6

Michael Schulz

Karl Rahner begegnen

Ein erster Blick auf Karl Rahner

1904	5. März, Karl Rahner wird in Freiburg im Breisgau geboren
1922	Eintritt Karl Rahners in die Gesellschaft Jesu
1924	Studium der Philosophie in Feldkirch und Pullach bei München *Warum uns das Beten not tut* (erste gedruckte Veröffentlichung)
1927	Sprachlehrer für die Novizen in Feldkirch
1929–33	Studium der Theologie im niederländischen Valkenburg
1932	26. Juli, Priesterweihe
1933	Tertiat, Probejahr in Kärnten
1934–36	Philosophisches Promotionsstudium bei Martin Heidegger u. Martin Honecker
1936	Promotion zum Dr. theol. in Innsbruck mit der Arbeit *E latere Christi*
1937	Habilitation in Innsbruck, Dozent für Dogmatik
1938	Aufhebung der Kath.-Theologischen Fakultät und des Jesuitenkollegs durch die Nazis, Vertreibung der Jesuiten
1939	*Geist in Welt; Aszese und Mystik der Väterzeit*
1939–44	Mitarbeit am Seelsorge-Institut des Erzbistums, Wien, ökumen. Kontakte
1941	*Hörer des Wortes*
1943	Kontroverse mit Erzbischof Conrad Gröber
1944–45	Seelsorgetätigkeit in Niederbayern
1945–48	Dozent in Pullach
1948	Dozent an der Theologischen Fakultät, Innsbruck
1949–64	Professor für Dogmatik und Dogmengeschichte in Innsbruck
1954	*Schriften zur Theologie*, Bd. 1 (1984: Bd. 16)
1957	Herausgeber des *Lexikons für Theologie und Kirche*, Bd. 1

1958	*Quaestiones disputatae*, Bd. 1: *Über die Schrift-inspiration*
1959	Sendung und Gnade
1961	*Kleines Theologisches Wörterbuch*, zusammen mit Herbert Vorgrimler
1962–65	Zweites Vatikanisches Konzil, ab 1962 Peritus, Konzilstheologe
1964	Professor für christliche Weltanschauung und Religionsphilosophie in München
1964	*Handbuch für Pastoraltheologie*
1965	Mitarbeit an der Dogmatik Mysterium Salutis
1966	*Kleines Konzilskompendium*
1967–69	*Sacramentum Mundi* (Theologisches Lexikon)
1967	Professor für Dogmatik und Dogmengeschichte in Münster
1969–74	Mitglied der Internationalen Theologenkommission
1971	Synode in Würzburg
1971	Emeritierung, Honorarprofessor
1976	*Grundkurs des Glaubens*
1981	Umsiedlung nach Innsbruck
1983	*Einigung der Kirchen – reale Möglichkeit*, zusammen mit Heinrich Fries
1984	Februar, Feier des 80. Geburtstages 30. März, Karl Rahner stirbt in der Innsbrucker Universitätsklinik 4. April, Beisetzung in der Krypta der Jesuitenkirche in Innsbruck

Was – den Grundkurs des Glaubens?“, fragte mein Religionslehrer etwas entsetzt. Ich hatte ihm davon erzählt, daß unser Pfarrer während der Sonntagsmesse empfohlen hatte, sich Karl Rahners neuestes Buch zu kaufen: den *Grundkurs des Glaubens.* Denn in diesem Buch eines der bedeutendsten Theologen des 20. Jahrhunderts würden alle wichtigen Fragen des Glaubens brillant beantwortet. Nun hatte mein Religionslehrer keineswegs etwas gegen Rahner, im Gegenteil. Aber Rahners Ausdrucksweise und die Schwere des Gedankengangs sprachen für ihn doch sehr dagegen, dieses opulente Werk „normalen“ Gemeindemitgliedern zu empfehlen. Das war 1976.

In der Tat gehört dieses Buch zu den Meilensteinen der Theologiegeschichte. Und es ist – je nach Vorbildung – immer noch genauso schwer zu lesen wie zum Zeitpunkt seines Erscheinens. Im übrigen gilt dies wohl für die meisten philosophischen und theologischen Abhandlungen Karl Rahners. Etwas anders verhält es sich mit seinen geistlichen Schriften. Doch deren Sprache hat auch eine gewisse Patina angesetzt.

Dieses Buch möchte dem Nichttheologen helfen, einen ersten Eindruck von Rahners Leben und Werk zu gewinnen. Es sollte nach der Lektüre dieses Buches leichter fallen, den *Grundkurs* zu studieren. Die Erörterung des Denkens von Rahner im zweiten Teil dieses Buches folgt in etwa dem Aufbau des *Grundkurses.*

Etwas ausführlicher werden die geistesgeschichtlichen Hintergründe der Theologie Rahners dargestellt, die im *Grundkurs* nicht unmittelbar zur Sprache kommen. Doch eine zumindest grobe Kenntnis dieser Hintergründe empfiehlt sich, um nicht nur Rahners Theologie, sondern vor allem auch seine Philosophie bzw. Religionsphilosophie besser verstehen zu können.

Dieses Buch möchte Rahners Werk als Orientierungshilfe vorstellen. Es soll deutlich werden, wie man mit Herz und Verstand katholischer Christ sein kann, ohne sich dabei in fundamentalistischen Engpässen zu verlaufen oder ein markantes Profil zu verlieren.

I. Eine ganz alltägliche Biographie

Herkunft und Abstammung

Den Stoff für einen packenden Spielfilm scheint Karl Rahners Lebensverlauf nicht herzugeben; zu gewöhnlich und alltäglich verstrichen die Jahre dieses Jesuiten. Andererseits reagierte er auf die großen Herausforderung des 20. Jahrhunderts in einer Weise, die seine Bedeutsamkeit für Theologie und Kirche bis heute begründet. Wenn Rahner nach seiner familiären Herkunft befragt wurde, betonte er stets, daß er in einer „normalen, mittelständigen, christlichen Familie" aufwuchs (Erinnerungen, S. 21; Neufeld, S. 30–59).

Kurztitel **Erinnerung** = Karl Rahner, *Erinnerungen. Im Gespräch mit Meinhold Krauss*, 1984.

Kurztitel **Neufeld** = Karl Heinz Neufeld, *Die Brüder Rahner. Eine Biographie*, 1994. Bei der Abfassung des ersten Teils diente dieses Buch als wichtige Quelle.

Am 5. März 1904 wurde Karl Josef Erich Rahner in Freiburg im Breisgau geboren. Seine Eltern, Gymnasiallehrer Karl Rahner (1868–1934) und Luise Rahner, geborene Trescher (1875–1976), die am 20. Oktober 1896 geheiratet hatten, stammten beide aus dem Raum Freiburg. Karl Rahner war das vierte Kind von insgesamt sieben Geschwistern. Zu ihnen gehörte der vier Jahre ältere Bruder Hugo, geboren am 3. Mai 1900. Er trat ebenfalls in die Gesellschaft Jesu ein und machte sich vor allem durch Studien über die Kirchenväter und den Jesuitenorden einen Namen, der anfangs die Bekanntheit des jüngeren Bruders Karl noch übertraf.

Die Familie

Der Vater wurde am 17. Januar 1868 geboren. Er schlug die Lehrerlaufbahn ein und wurde „Gymnasialprofessor". Er gab die Fächer Deutsch, Französisch und Geschichte. Am 13. Juni 1934 verstarb er.

Die Tatsache, daß Rahner aus einer Lehrerfamilie stammte, vermittelte ihm und seinen Geschwistern zweifellos den Wert geistiger Bildung. Alle machten Abitur und studierten. Ande-

rerseits herrschte in der Familie kein ausgesprochen intellektuelles Milieu. Bildung war selbstverständlich. Um das Fortkommen in der Schule mußte man sich jedoch eigenständig kümmern (Erinnerungen, S. 31).
Immerhin paßte es zum Selbstverständnis der Familie, daß Karl Rahner und sein Bruder Hugo dem an Geschichte interessierten Vater zum 60. Geburtstag eine eigene Festschrift widmeten, die 375 maschinengeschriebene Seiten umfaßte.
Neben der vom Vater vermittelten Liebe zur Geisteswissenschaft steht die größere Bedeutung der Mutter in puncto Erziehung und Familienmanagement (Erinnerungen, S. 24). Luise Trescher wurde am 13. Februar 1875 in dem heute zu Freiburg gehörenden Günterstal geboren. Sie überlebte ihren Gatten um 42 Jahre, was ihre familiäre Rolle nochmals stärkte. Sie wurde 101 Jahre alt und starb am 27. Juni 1976.
Sie hatte ebenso die wissenschaftliche Laufbahn ihrer Kinder begleitet. Nach Karl Rahner beherrschten sie die Sorge und eine gewisse Ängstlichkeit, daß er wegen seines öffentlichen Erfolgs „nicht hochmütig" werde (Bekenntnisse, S. 20).

KARL RAHNER. *Bekenntnisse, Rückblick auf 80 Jahre,* hrsg. v. Georg Sporschill SJ, 2. Auflage 1984 (Kurztitel = **Bekenntnisse**).

Rahner betont immer wieder die Selbstverständlichkeit, mit der seine Mutter ihre alltägliche Arbeit verrichtete. Erziehung geschah durch Mitbeteiligung der Kinder am Familienleben. So lernte man, „daß man sonntags in die Kirche geht, was man anzieht, welche Vergnügungen man sich leisten kann, wie man mit Geld umgehen muß" (Bekenntnisse, S. 19).
Eine „sehr fromme Mutter" habe er gehabt, sagt Rahner 1982 im Rückblick, ohne ihr damit jedoch eine überzogene Religiosität attestieren zu wollen (Rahner im Gespräch 2, S. 270). Auch ihr widmeten Karl und Hugo Rahner zum 75. Geburtstag eine Festschrift mit Predigten und Vorträgen. Von ihrer an sich zurückhaltenden Mutter lernten die Kinder einen Sinn für Realismus und mutiges Anpacken. Ihren ältesten Sohn, Georg, der wie Hugo als Soldat im Ersten Weltkrieg diente, holte sie aus eigener Initiative aus einem Freiburger Lazarett (Erinnerungen, S. 26).

KARL RAHNER. *Im Gespräch*. Bd 2: 1978–1982, hrsg. v. Paul Imhof u. Biallowons, 1983 (Kurztitel = **Rahner im Gespräch 2**).

Zu übertriebenen Zärtlichkeiten gegenüber ihren Kindern hat sie offenbar nicht geneigt; Rahner hebt die Nüchternheit ihres Umgangs hervor (Erinnungen, S. 30). Daß sie sich am Ende ihres Lebens fragte, „ob sie ihren Kindern genügend Liebe geschenkt habe", sei „natürlich Unsinn". Rahner bringt diese Gedanken der Mutter mit ihrem depressiv-ängstlichen und äußerst gewissenhaften Charakter in Verbindung, ebenso mit der Arbeitslast, die sie zu tragen hatte (Bekenntnisse, S. 20).

Ein seliggesprochener Ringkämpfer

Rahners Mutter wurde auch dadurch beansprucht, daß sie für längere Zeit Gäste aufnahm, um das nicht sonderlich hohe Gehalt ihres Mannes aufzubessern, der durch zusätzliche Nachhilfestunden hinzuverdiente.

Zu den Gästen gehörte im Herbst 1921 Pier Giorgio Frassati (1901–1925), ein Sohn des italienischen Botschafters in Berlin und Besitzers der Turiner Zeitung La Stampa. Er sollte die deutsche Sprache und Kultur kennenlernen. Wie Rahner feststellen konnte, betete er jeden Abend den Rosenkranz, besuchte täglich die hl. Messe und half im Haushalt mit. Als Laie und Bergwerkingenieur wollte er für das Evangelium leben, nicht als Priester, denn, so erklärte er Luise Rahner, im liberalen Milieu seiner Herkunft könne er so besser für die Sache des Glaubens tätig werden. In der Tat arbeitete er später in den sozialen Brennpunkten Turins. Er starb bereits am 4. Juli 1925 an Kinderlähmung, die er sich bei seiner Arbeit zugezogen hatte.

Vgl. zu **Frassati** LUCIANA FRASSATI, *Das Leben Pier Giorgio Frassatis. Eine Nachfolge Christi heute*. Mit einem Geleitwort von Karl Rahner, 1961, S. 161 ff., S. 317–321.

Man leitete den Seligsprechungsprozeß ein. Im Blick auf das erhoffte baldige Ende des Prozesses äußerte sich Rahner 1979 in einem Interview: „Wenn ich das noch erlebe, hätte ich also einen beatifizierten [= seliggesprochenen] Menschen in meinem Leben kennengelernt, mit dem ich [als Kind] im Wald Ringkämpfe veranstaltete" (Erinnerungen, S. 34). Rahner er-

lebte die Seligsprechung des „Ringkämpfers" nicht mehr; sie erfolgte erst am 20. Mai 1990 (Neufeld, S. 54).
Der seliggesprochene Gast im Hause Rahner steht wie die Religiosität der Mutter für die unauffällige, normale Art und Weise, mit der Rahner in die Berührung mit Gott kam. Deshalb kennzeichneten seine Jugendzeit keine Phasen, in denen er am Glauben zweifelte (Rahner im Gespräch 2, S. 270).
Als Hugo Rahner am 21. Dezember 1968 in München nach acht Jahren des Leidens an der Parkinsonschen Krankheit stirbt, finden wir die 93jährige Mutter an seinem Sterbebett. Ihre eigenen letzten Worte lauten „Bleibt treu!" (Neufeld, S. 47). Die Treue zu den Pflichten eines christlichen Lebens vermittelte sie ihren Kindern ein Leben lang. Für ihre religiöse Tiefe spricht schließlich ein von ihr abgeschriebenes Gebet des Jesuiten und Paläontologen Pierre Teilhard de Chardin (1881–1955), das man nach ihrem Tod unter ihren Papieren fand. Der Text dokumentiert die innere Vorbereitung auf das Älterwerden und den Tod: „Wenn sich an meinem Körper oder an meinem Geist die Abnutzung des Alters zu zeigen beginnt, wenn das Übel, das mindert oder wegrafft, mich von außen überfällt oder in mir entsteht, im schmerzlichen Augenblick, wo es mir plötzlich zum Bewußtsein kommt, daß ich krank bin und alt werde, besonders in jenem Augenblick, wo ich fühle, daß ich mir selbst entfliehe, ... in all diesen düsteren Stunden laß mich Herr verstehen, daß Du es bist, Der – sofern mein Glaube groß genug ist – unter Schmerzen die Fasern meines Seins zur Seite schiebt, um bis zum Mark meines Wesens einzudringen und mich in Dich hineinzuziehen" (Abdruck des handgeschriebenen Gebets in: Bekenntnisse, S. 56).

Schulzeit: Stinkbomben und die Nachfolge Christi

In der Schule hat Karl Rahner keine besonderen Probleme gekannt, wenngleich er in den ersten drei Klassen nur mittelmäßig war. Seit der Untertertia [= 8. Klasse] gehörte er jedoch zu den Besten. 1910 begann er an der Knabenbürgerschule in Freiburg. Im September 1913 besuchte er ein Realgymnasium, das spätere Kepler-Gymnasium.

Den Mitschülern und Freunden fiel seine etwas grüblerische und brummige Art auf. Er führt sie auf seine alemannische Herkunft zurück. Dennoch liebte er gelungene Streiche.

Karl Rahner. Bilder eines Lebens, hrsg. v. Paul Imhof u. Hubert Biallowons, 1985. In diesem Buch geben viele Weggefährten Rahners einblicke in bestimmte Abschnitte seines Lebens. (Kurztitel = **Imhof**).

Einmal warf er im Klassenzimmer Stinkbomben in der Hoffnung, der Unterricht falle aus. Der Lehrer wollte die Klasse jedoch zu zwei Stunden Arrest verdonnern. Der Versuch der Schüler, den Lehrer von ihrer Unschuld zu überzeugen, schien vergeblich. Da stand Rahner auf, und während er stand, erklärte er dem Lehrer mit ernster Mine, keiner der in der Klasse Sitzenden habe die Bombe geworfen. Der Lehrer hatte ein Einsehen, die Strafe entfiel (Imhof, S. 13).

In seiner Klasse traf Rahner auf alle Bekenntnisse. „Vornehme Neutralität" herrschte im Religionsunterricht (Bekenntnisse, S. 15). Ihn erteilte der Geistliche Dr. Meinrad Vogelbacher (1879–1965). Er war mit der Familie Rahner bekannt. Sein Studium hatte er in dem von Ignatius von Loyola 1552 für die Priesterausbildung gegründeten Collegium Germanicum (ab 1580 auch: Hungaricum) in Rom absolviert. Rahner charakterisiert ihn als gescheiten, gebildeten, aber auch als etwas trockenen Lehrer (Erinnerungen, S. 23).

Ignatius von Loyola ist der Gründer des Jesuitenordens, der eigentlich *Societas Jesu (= Gesellschaft Jesu)* heißt. Ignatius war im Jahre 1521 als Offizier verwundet worden. In der Zeit seiner Genesung hatte er sich radikal dem Glauben zugewandt. Die *Societas Jesu (SJ)* wurde 1540 von Papst Paul III. bestätig. Ihre Mitglieder nennt man gewöhnlich Jesuiten.

Am Sonntag bot die Schule einen eigenen Gottesdienst für die katholischen Schüler an. Rahner nahm teil und pflegte nach der Messe eine besondere Danksagung zu halten. Er las das vierte Buch der *Nachfolge Christi*, das Thomas von Kempen († 1471) verfaßt hatte, und das von Empfang und Verehrung des Altarsakramentes handelt. „Damals war ich sechzehn oder siebzehn Jahre alt. Ganz normal war es wohl nicht, daß ein Jugendlicher sich mit so etwas beschäftigte" (Bekenntnisse, S. 16).

Da er das Wandern mehr liebte als den Schulsport,

zog es Rahner zu der von Schlesien ausgehenden katholischen Jugendbewegung *Quickborn*, in der bereits die ältere Schwester Anna ein führendes Mitglied geworden war. Sie wahrscheinlich machte den jüngeren Bruder mit der Bewegung bekannt. Diese Jugendbewegung pflegte das Wandern und besaß im Gebiet des Schauinsland bei Freiburg eine Hütte, in der Rahner manches Wochenende verbrachte.
Durch den Quickborn lernte er auch den aus Verona stammenden Mainzer Priester, Philosophen und Theologen Romano Guardini (1885–1968) kennen (Erinnerungen, S. 27). Guardini war die geistliche Leitung des *Quickborn* anvertraut. Er prägte über die Jugendbewegung die liturgische und kirchliche Erneuerung nach dem Ersten Weltkrieg entscheidend mit. Rahner hörte später einige seiner Vorlesungen in Berlin, in denen Guardini vom christlichen Standpunkt aus die literarische und philosophische Werke deutete. Guardini kam 1948 nach München, und Rahner wurde 1964 auf dem *Guardini-Lehrstuhl für Christliche Weltanschauung* sein Nachfolger.
Mit Gleichaltrigen war Rahner gerne unterwegs. „Wenn ich abends wegging – ich war in der Unter- oder Oberprima [= 12./13. Klasse] –, bekam ich den Schlüssel der Wohnung, und niemand fragte mich, wann ich heimkäme. Es war auf der anderen Seite aber auch völlig selbstverständlich, nicht zu saufen, keinen Krawall und auch sonst keinen Unfug zu machen, die Regeln im Verhältnis zum anderen Geschlecht zu respektieren" (Bekenntnisse, S. 15).
Das Abiturzeugnis vom 29. März 1922 attestiert als Durchschnittsnote „sehr gut" (abgedruckt in: Imhof, S. 12) und schließt mit den besten Wünschen für das Studium der Theologie.

Warum Priester, warum Jesuit werden?

Interessant ist natürlich die Frage, wie und wodurch Rahner veranlaßt wurde, Theologie zu studieren sowie Jesuit und Priester zu werden. Seine Antworten auf entsprechende Fragen mögen fast enttäuschen, so nüchtern klingen sie. „Ich

Glaube in winterlicher Zeit. Gespräche mit Karl Rahner (...), hrsg. v. Paul Imhof u. a., 1986 (Kurztitel = **Glaube**).

muß ehrlich gestehen, ich erinnere mich nicht an eine ... blitzhafte Erleuchtung oder ein plötzliches, beinahe mystisches Berufungserlebnis. Nein, so dramatisch ist es bei mir nicht gewesen" (Glaube S. 117). Auf den ersten Blick vielleicht sogar etwas erschreckend räumt Rahner ein, er wisse gar nicht mehr so genau, wie es im einzelnen zu dieser Entscheidung kam. Er verweist auf Eheleute, die nach vielen gemeinsamen Jahren wohl ebensowenig detaillierte Angaben über den Grund ihres Zusammenseins machen könnten (Erinnerungen, S. 35). Dem werden sicherlich nicht wenige Ehepaare widersprechen. Rahners Berufung vermittelte sich über die selbstverständliche katholische Atmosphäre in der Familie, durch das Interesse „am Phänomen des Religiösen überhaupt". Die Erkenntnis seiner Berufung sei aus ruhigen Überlegungen erwachsen; sie verdanke sich „einem länger dauernden Prozeß des Prüfens und Sich-Einfindens in eine bestimmte Lebensentscheidung" (Glaube, S. 117 f.).

Bei diesen Überlegungen stellte sich heraus: „Ich wollte Priester werden, und ich wollte in einer Gemeinschaft Priester werden." Das Leben in einer Ordensgemeinschaft zog ihn mehr an „als das ... isolierte Leben eines Weltpriesters" (Glaube, S. 130, 117). Deshalb entschied er sich für den Ordensberuf.

Warum fiel seine Wahl auf die *Gesellschaft Jesu*? Nach eigenem Bekunden kam der Benediktinerorden nicht in Frage, weil er das benediktinische Interesse an der Liturgie nicht teilen konnte (Rahner im Gespräch 2, S. 214). Für den Lebensstil der Franziskaner glaubte er zu rational eingestellt zu sein. Ein bestimmtes Ordensziel als Motiv der Wahl, etwa Mission oder Schuldienst, verfolgte er ebenfalls nicht, weshalb er die Gemeinschaft der Steyler Missionare oder der Schulbrüder nicht in Betracht zog. „Kurz und gut, mein Interesse war unbestimmter und weiter, es war von recht rationaler und intellektueller Art. Deshalb bin ich auf die Idee gekommen, Jesuit zu werden. Aber auch diese Entscheidung war anfangs sicherlich noch nicht von absolut fundamentaler Bedeutung für mich. Erst später habe ich mich in die eigentliche Spiritualität des Jesuitenordens, in die Geistigkeit des Ignatius von Loyola, eingelebt. Dann freilich war ich sehr froh, diese vielleicht am Anfang doch etwas vage Entscheidung getroffen zu haben" (Glaube, S. 118).

In einem Schulaufsatz hatte Rahner von seinem Besuch des Noviziatshauses in Feldkirch berichtet (zum *Noviziat* siehe S. 22 f.). Nüchtern, ohne eine innere Beteiligung erkennen zu lassen, referiert er den Tagesablauf der jungen Jesuiten, der bald sein eigener sein sollte (Imhof, S. 13).

Der Entschluß seines Bruders Hugo, Jesuit zu werden, habe sicherlich die eigene Entscheidung erleichtert, aber sonst keinen besonderen Einfluß gehabt. Über die Entscheidung des Bruders, der 1919 und damit drei Jahre vor ihm ins *Noviziat* der Gesellschaft Jesu eintrat, weiß er ebensowenig etwas zu sagen. „Alemannen reden über solche Dinge, auch wenn sie Brüder sind, die sich durchaus gernhaben, nicht sehr viel" (Erinnerungen, S. 36). In einem Brief informierte Karl Rahner den Bruder über seinen Entschluß.

Den Eltern verriet er zunächst nichts: „Da ist der Alemanne eher verschlossen und kann nicht so leicht mit solchen Dingen heraus." Die Eltern erfuhren von den Absichten ihres Sohnes über den Religionslehrer, der jedoch abriet: „Nein, der Karl, der ist dafür nicht geeignet. Der ist viel zu kontaktarm und brummig. Der soll was anderes werden." Und Rahner, der diese Worte des Religionslehrers in einem Interview aus dem Jahr 1979 wiedergibt, setzt hinzu: „Na, Gott, es ist also dann doch gegangen, und die Sache hat sechzig Jahre gehalten" (Erinnerungen, S. 24).

Das Studium eines „Holzkopfes“

In Tisis, in der Nähe des vorarlbergischen Feldkirch, am 20. April 1922, im Alter von 18 Jahren begann Karl Rahner, zusammen mit 56 anderen, das zweijährige *Noviziat* des Jesuitenordens unter der Leitung des relativ fortschrittlichen Novizenmeisters Otto Danneffel. Ziel des Noviziats war und ist es, sich in die Spiritualität des Ordens einzufinden und die eigene Lebens- und Berufsentscheidung zu überprüfen.

Schon in jenem Schulaufsatz über das Noviziat erwähnt Rahner eigens das Wort, das jeder Novize zuerst am Morgen vernimmt: „Venite, adoremus Dominum – Kommt, laßt uns den Herrn anbeten!“ (Imhof, S. 13). Das Frühaufstehen behagte Rahner; er blieb ein Frühaufsteher sein Leben lang und entfaltete seine Arbeitskraft am besten vormittags. Den genau festgelegten Tagesablauf des Noviziats begrüßte er, da es die Möglichkeit für konzentriertes, ungestörtes Beten und Arbeiten bot.

Am 27. April 1924 legte Karl Rahner die ersten Gelübde ab.

Nach dem Noviziat begann in Tisis das dreijährige Studium der Philosophie. Nach dem ersten Jahr zog man in das größere Berchmanskolleg in Pullach bei München um.

An dieser Stelle ist noch auf den ersten veröffentlichten Text hinzuweisen, den Rahner als zwanzigjähriger 1924 verfaßte: Warum uns das Beten not tut. Er schreibt: „Wenn wir nicht beten, bleiben wir hängen an den Erdendingen, werden wir klein wie sie, eng wie sie, werden erdrückt von ihnen. Wer sich [aber] Gott naht, dem naht sich Gott (Jak 4,8).“ Die auf Gott bezogene Grenzenlosigkeit des menschlichen Geistes wird ein beherrschendes Thema in Rahners Denken sein: Der das Endliche überschreitende Geist darf sich nicht im rein Irdischen festmachen, soll der Mensch nicht in einen dramatischen Widerspruch mit sich selbst geraten.

Der erste von Rahner gedruckte Text ist zugänglich in: Karl Rahner: *Sehnsucht nach dem geheimnisvollen Gott. Profil – Bilder – Texte*, hrsg. v. Herbert Vorgrimler, 1990, S. 77–80, hier 78 f.

Kirchenväter, Bienenväter

Gemäß dem Ausbildungsplan des Jesuitenordens folgte nach dem Philosophiestudium das zwei Jahre umfassende *Junioratsmagisterium,* eine praktische Betätigung, bei der man sich zu bewähren hatte. Weil die Ordensleitung offenbar Rahners wissenschaftliche Befähigung schätzte, setzte man ihn als Sprachlehrer für die jungen Novizen in Tisis ein. Einer derer, denen Rahner das „Latein im Noviziat aufpolieren mußte", war der 1907 in Mannheim geborene Alfred Delp (Erinnerungen, S. 40). Dieser wurde wegen seiner Kontakte zum *Kreisauer Kreis,* jener Widerstandsbewegung gegen den Nationalsozialismus, über die er auch Claus Schenk von Stauffenberg kennenlernte, bald nach dem Attentat, das am 20. Juli 1944 auf Hitler verübt wurde, verhaftet und am 2. Februar 1945 in Berlin-Plötzensee gehängt.

1929 nahm Rahner das Theologiestudium an der ordenseigenen Hochschule im niederländischen Valkenburg auf. Angeregt durch seinen Bruder Hugo, der als Fachmann für die Kirchenväter, als Patrologe, begann, bekannt zu werden, las sich auch Rahner durch die griechischen und lateinischen Schriften der Kirchenväter. Seine erste wissenschaftliche Publikation beschäftigt sich mit Origenes († 254).

Wegen seiner Ausdauer beim Studium der Quellen nannte man Rahner „Holzkopf". Aber nicht nur die Kirchenväter hatten es ihm angetan, auch die Bienenväter: Er half mit beim Züchten von Bienen, was manche kleinere Freiheiten von der Tagesordnung mit sich brachte: Um sich der Zudringlichkeit der Bienen zu erwehren, durfte man rauchen. Seinen Fleiß mag Rahner auch beim Studium der Bienen gelernt haben (Imhof, S. 22 f.).

In die Zeit des Theologiestudiums fiel die Vorbereitung auf die Priesterweihe. „Können ... die Menschen dich in mir erkennen oder wenigstens fassen, daß du mich gesandt hast als den Boten deiner Wahrheit, als den Lastträger deines Erbarmens?" (Worte, S. 65). Diese Frage formuliert Rahner im Gebet *Gott meiner Sendung.* In diesem Gebet bekundet er

Kurztitel
Worte:
Das von KARL RAHNER und HUGO gemeinsam herausgegebene Buch *Worte ins Schweigen – Gebete der Einkehr*, 4. Auflage 1977, enthält zwei Gebetssammlungen, die zunächst getrennt, ab 1973 aber zusammen erschienen. Rahners Sammlung *Worte ins Schweigen* wurde 1938 zum ersten Mal veröffentlicht, immer wieder neu aufgelegt und in viele Sprachen übersetzt. Hugo Rahners erste *Gebete der Einkehr* gehen auf das Jahr 1951 zurück und wurden später ergänzt. Unter der geistlichen Literatur des 20. Jhs. gilt diese Gebetssammlung als Klassiker.

die Einsicht, daß Gottes Sendung mit seinem eigenen Leben verschmilzt. Deshalb weiß er: Gottes Licht muß seinen Weg finden „durch die trüben Scheiben meiner kleinen Laterne“ (Worte S. 66). Die Einheit von Amt und Leben erscheint ihm als Last, als fast unerträgliche Verantwortung, die nur Gottes Mittragen erträglich macht.

Im März 1932 hatte Karl Rahner die Weihe zum Subdiakon und Diakon empfangen, am 26. Juli 1932 weihte ihn der Erzbischof von München und Freising, Michael Kardinal Faulhaber, in der Jesuitenkirche St. Michael zum Priester. Seine erste hl. Messe, die Primiz, feierte er am Gedenktag des hl. Ignatius, am 31. Juli in Freiburg. Auf seinem Primizbild stand ein Vers aus dem 2. Timotheusbrief (2,11): „Treu ist das Wort: Wenn wir mit ihm gestorben sind, werden wir auch mit ihm leben.“ Auf diese Treue Gottes baute Rahner seine priesterliche Existenz. Mit der Weihe begann auch Rahners vielfältige seelsorgliche Tätigkeit, vor allem während der Semesterferien.

Am 1. Juli 1933 schloß Rahner sein Theologiestudium ab. Im Herbst folgte das *Terziat* in Kärnten, eine nochmalige Zeit der Prüfung. Am Ende des Terziats mußte Rahner seinen Vater, der im Alter von 66 Jahren am 13. Juni 1934 gestorben war, zu Grabe tragen.

Philosophiestudium bei Martin Heidegger

Die Ordensoberen entschieden, Karl Rahner solle Geschichte der Philosophie dozieren. Um sich auf diese Aufgabe vorzubereiten, ging er nach Freiburg. Er wollte dort zusammen mit dem Mitbruder P. Johannes Baptist Lotz (1903–1992) bei Martin Heidegger (1889–1976) studieren, wenn auch nicht ausschließlich. Heideggers Philosophie war durch sein Werk *Sein und Zeit* (1927) bekannt geworden. Sein bohrendes Fragen faszinierte Rahner wie Lotz.

Heidegger erschließt in *Sein und Zeit* die *Existentialien* des menschlichen Daseins. Vereinfacht gesagt meint Heidegger mit dem auch von Rahner übernommenen Begriff Eigenschaften, die den Vollzug der menschlichen Existenz kennzeichnen. Ein *Existential* ist etwa das „In-der-Welt-sein" oder das Bezogensein des Menschen auf den Tod (siehe S. 99 f.).

Es war nicht selbstverständlich, von Heidegger in seine Seminarveranstaltungen zugelassen zu werden. Rahner und Lotz waren stolz, daß sie als „junge schwarze Kapläne" in den erlauchten Kreis aufgenommen wurden (Erinnerungen, S. 43–45).

Ihre Doktorarbeit schrieben Lotz und Rahner jedoch nicht bei Heidegger, sondern bei Martin Honecker (1888–1941), der als Philosoph zugleich zur Theologischen Fakultät gehörte. Für Honecker als Doktorvater sprachen Heideggers Nähe zum Nationalsozialismus und seine ablehnende Einstellung gegenüber dem Katholizismus. Woher Heideggers kritische Haltung dem katholischen Glauben gegenüber stammte, kann man nur vermuten. Karl H. Neufeld (S. 112 f.) glaubt einen gewissen, wenngleich nicht sicheren Zusammenhang herstellen zu können mit Heideggers gescheitertem Versuch, selber Jesuit zu werden. Heidegger hatte im Herbst 1909 einige wenige Wochen im Noviziat in Tisis verbracht.

Im Mai 1936 schloß Rahner seine Dissertation ab. In ihr legt er eine im Rückgriff auf Kant, Maréchal und Heidegger unternommene Interpretation der Metaphysik der endlichen Erkenntnis bei Thomas von Aquin vor.

Als Martin Honecker die Arbeit vorab begutachten sollte, lehnte er sie ab. Über die Gründe dafür ist immer wieder spekuliert worden, und sie sind auch nicht bis ins Letzte aufzuhellen. Einiges – wenngleich nicht alles – spricht dafür, daß dem Doktorvater die Arbeit zu sehr an Heidegger orientiert war. Laut Lotz verlangte Honecker eine historische Darstellung der Gedanken des Thomas von Aquin. Honecker soll Interpretationen abgelehnt haben, die von einer fremden

Sichtweise und „nicht von seinem Geist bestimmt" gewesen seien. Dazu habe Rahner nur „lakonisch" bemerkt: „Als ob der überhaupt einen Geist hätte!" (Imhof, S. 27). Diese flapsige Bemerkung darf allerdings nicht als ernstzunehmende Deutung des respektablen philosophischen Werkes betrachtet werden, das Honecker hinterläßt. Auch Lotz ist mit seiner Doktorarbeit bei Honecker durchgekommen, obwohl sie keine bloß historische Rekonstruktion der Seinsauslegung des Thomas von Aquin darstellt. Ähnlich erging es anderen. Wegen der Ablehnung der Arbeit von Rahner kann man Honecker also nicht einfach einer geistlosen Engstirnigkeit bezichtigen. Da weder das Manuskript von Rahners Dissertation mit den Randnotizen Honeckers noch dessen Brief an Rahner, in dem die Ablehnung begründet wird, auffindbar zu sein scheinen, bleiben die genauen Umstände im dunkeln.

Vgl. hierzu: Albert Raffelt / Hans-Jürgen Verweyen, *Karl Rahner*, 1997, S. 31 f.

Diesem „Durchgefallen bei Honecker" hätte Rahner durch eine Neufassung seiner Arbeit entkommen können. Doch dazu zeigte er sich nicht bereit; die Ausrichtung der Arbeit auf einen Dialog mit der modernen Philosophie und ihr systematisches Interesse standen einem rein philosophiegeschichtlichen Umbau des Werkes im Weg. 1939 veröffentlichte er es unter dem Titel *Geist in Welt*. Mehrere Auflagen dieser Arbeit, die ebenso in andere Sprachen übersetzt wurde, entschädigten für die Ablehnung. Deshalb kann Rahner rückblickend feststellen: „durch diesen Durchfall [ist] mein Selbstwertgefühl nicht besonders angekratzt worden" (Erinnerungen, S. 44). 1957 erschien die Arbeit in einer von seinem Schüler Johann Baptist Metz überarbeiteten Fassung, wodurch ihr Bekanntheitsgrad nochmals stieg (siehe S. 101 ff.). Als Rahner 1970 von der Leopold-Franzens-Universität in Innsbruck den philosophischen Ehrendoktortitel erhielt, hatte sich das Problem des vorenthaltenen philosophischen „Doktorhutes" sozusagen auch formal endgültig erledigt (Rahner im Gespräch, S. 149).

Geist in Welt ist in seiner ursprünglichen (wie auch in der von Johann Baptist Metz überarbeiteten Fassung) zugänglich in der seit 1995 erscheinenden, kritischen Neuausgabe der Schriften Rahners (hrsg. von Karl Lehmann u. a.): *Sämtliche Werke*, Bd. 2 (Kurztitel = **Werke 2**).

Dennoch war zunächst die „Karriere" als Philosoph verbaut. Mittlerweile hatte man im Orden auch anderes mit Rahner vor. An der von den Jesuiten geleiteten Theologischen Fakultät in Innsbruck benötigte man einen neuen Dogmatiker. Deshalb nahm Rahner das Promotionsstudium in Theologie auf. Das geschah also nicht deshalb, wie manche sagen, weil er mit seiner philosophischen Doktorarbeit „durchgefallen" war.

Im Sommer 1936 kam Rahner nach Innsbruck, wo bereits sein älterer Bruder Hugo lehrte. Am 15. Juli 1936 schon reichte er die theologische Promotionsschrift ein, die auf einige Vorarbeiten aus der Zeit in Valkenburg aufbauen konnte. Es handelte sich um eine patristische Studie mit dem Titel *E latere Christi – Der Ursprung der Kirche als zweiter Eva aus der Seite Christi des zweiten Adam. Eine Untersuchung über den typologischen Sinn von Jo* [= Johannes] *19,34.* Im Juli 1937 kam das Habilitationsverfahren zum Abschluß. Im Wintersemester 1937/38 nahm Rahner seine Lehrtätigkeit auf.

Rahner im Wien der Kriegsjahre

Nach dem Anschluß Österreichs an das Reich im März 1938 erreichte im Juli den Dekan der Theologischen Fakultät ein Schreiben des Staatskommissars Plattner: „Im Zuge der Neuregelung des österreichischen Hochschulwesens wird die theologische Fakultät der Universität Innsbruck mit dem Tag der Zustellung dieses Erlasses aufgelöst" (Neufeld, S. 139). Die Professoren wurden später fristlos entlassen. Papst Pius XI. gründete die Fakultät kurzerhand neu, und zwar im Internationalen Theologen-Konvikt Canisianum. Den Nazis war diese Jesuitenfakultät ein Dorn im Auge. Sie sollte unbedingt liquidiert werden – wegen der angeblich staatsfeindlichen Haltung des Kollegs. Im Oktober 1939 war es soweit; das Canisianum wurde enteignet. „Wir wurden von heut' auf morgen in Innsbruck herausgeworfen, und dann bekamen wir natürlich auch das sogenannte Gauverbot. Das heißt, wir durften uns im Gau Tirol gar nicht aufhalten" (Erinnerungen, S. 51).

Die Fakultät fand Zuflucht in der Schweiz, im Walliser Sitten. Hugo Rahner siedelte dorthin, sein Bruder Karl jedoch ging nach Wien, um dort für die verbliebenen Mitbrüder des Ordens tätig zu werden. Laut Führerbefehl mußten 1941 alle Jesuiten die Wehrmacht verlassen, weshalb es für Rahner nun noch mehr zu tun gab.

Damit Rahner als Jesuit nicht allzusehr auffiel, verlieh ihm der Wiener Erzbischof Kardinal Theodor Innitzer (1875–1955) den Tarntitel „Ordinariatsrat" und machte ihn zum Mitarbeiter des Wiener Seelsorge-Instituts, das unter Leitung von Domkapitular Prälat Dr. Karl Rudolf (1886–1964) u. a. die Priesteraus- und Fortbildung organisierte.

Der Prälat bildete einen Leitungs- und Arbeitskreis, zu dem er auch Jesuiten einlud. Rahner stieß hinzu, ebenso der für die *Liturgische Bewegung* maßgebliche Liturgiewissenschaftler

Josef Andreas Jungmann (1889–1975). Rahner hielt Vorträge, gab Exerzitien und Besinnungstage.
Wien bot – trotz des Krieges – für viele theologische Aktivitäten ein günstiges Milieu. Unter anderem engagierte sich Rahner für die Ökumene. Die gemeinsame Bedrohung durch den Nationalsozialismus wie durch den Krieg brachte Katholiken und Protestanten einander näher. Rahner traf sich mit evangelischen Theologen. Sie waren Mitglieder des ökumenisch engagierten, der liturgischen Erneuerung dienenden *Berneuchener Kreises*, aus dem auch die evangelische *Michaelsbruderschaft* hervorging. Rahner kam in Kontakt mit dem Mitbegründer dieses Kreises. Es war der evangelische Theologe Wilhelm Stählin. Ab 1944 Landesbischof in Oldenburg, gründete dieser 1946 zusammen mit dem Erzbischof von Paderborn, Kardinal Lorenz Jaeger, einen ökumenischen Arbeitskreis, den Jaeger-Stählin-Kreis. 1948–1960 gehörte Rahner diesem Kreis an (Imhof, S. 36–38).

Beunruhigungen durch die „Wiener Aktivisten"

Über Wien hinaus wurde dieser Kreis bekannt durch den Wirbel, den ein im Januar 1943 von dem Freiburger Erzbischof Conrad Gröber (1872–1948) publiziertes Papier verursachte. Siebzehn *Beunruhigungen* prangerte er an, vermeintliche Fehlentwicklungen in der Philosophie, der Auffassung des Glaubens, der liturgischen Praxis und Kirchenlehre, im Verständnis der Eucharistie, des Priestertums aller Gläubigen und im Bereich der Ökumene (zusammengestellt bei Wolf, S. 21–28). Nahezu alle Erneuerungsversuche innerhalb der Theologie und der Liturgischen Bewegung stellte der Erzbischof in Frage.

In seinem Buch *Karl Rahner, Theologische und philospohische Zeitfragen im katholischen deutschen Raum 1943* stellt HUBERT WOLF die Anfragen des Erzbischofs Gröber zusammen (Kurztitel = **Wolf**).

Auch die Mitarbeiter des Wiener Seelsorge-Instituts, als „Wiener Aktivsten" apostrophiert, sollten für diese Beunruhigungen verantwortlich sein. Erzbischof Gröber befürchtete eine

Spaltung des Klerus. Er sandte das Papier allen „großdeutschen“, also auch den österreichischen Bischöfen zu; es gelangte ebenso nach Rom.
Von da aus antwortete ihm im August 1943 Papst Pius XII. Der Papst gibt seinem Befremden Ausdruck, daß man mitten im Kriegschaos und angesichts der unmenschlichen Praktiken der Nazis in Deutschland die Frage nach dem rechten Weg in Philosophie, Theologie und Liturgie als die entscheidende Frage der Gegenwart hinstelle (Wolf, S. 17).
Andererseits waren beim Vorsitzenden der Bischofskonferenz, Kardinal Adolf Bertrams (1859–1945), Bischof von Breslau, im Januar 1943, vermittelt durch den Nuntius Cesare Orsenigo, Ermahnungen des Heiligen Stuhles eingegangen, deren Inhalt – vor allem kritische Bemerkungen zur Liturgischen Bewegung – der Kardinal durch ein Schreiben an die Bischöfe bekannt machte, mit der Bitte um Reaktionen. Man vermutete natürlich sofort, Gröber stecke hinter dem römischen Schreiben. Er bestritt dies jedoch energisch. In dem Schreiben, das Kardinal Bertram aufgrund der bischöflichen Reaktionen nach Rom sandte, wird das Freiburger Memorandum erwähnt. Die römischen Sorgen jedoch werden relativiert, weshalb sich der Freiburger Erzbischof entschieden gegen dieses Schreiben wandte. Roms Antwort fiel recht moderat aus. Gegen das *Deutsche Hochamt*, das man zwar in lateinischer Sprache zelebrierte, in dem man aber viele oder alle Lieder auf deutsch sang, gab es z. B. keine Einwände. Die Liturgische Bewegung wurde im Prinzip positiv gewertet. Erzbischof Gröbers massive Bedenken fielen letztlich unter den Tisch.
Auf Veranlassung des Wiener Erzbischofs formulierte man in diesem Arbeitskreis eine umfangreiche, von Rahner verfaßte Antwort: *Theologische und philosophische Zeitfragen im katholischen deutschen Raum* (Wolf, S. 81–170). Kardinal Innitzer versandte das Memorandum an alle Bischöfe.
Darin verteidigt Rahner u. a. Jungmanns Betonung des allgemeinen Priestertums, von dem im Ersten Petrusbrief die Rede ist (2,5.9). Vom allgemeinen Priestertum spricht Rahner

jedoch nicht um eine Art Demokratisierung des Amtspriestertums zu fordern, als ob nun das, was zuvor nur der Priester allein im Gottesdienst „durfte", nun alle Gläubigen „dürfen" sollen. Vielmehr gibt Rahner zu erkennen, daß sich durch entsprechende Forschungen herauskristallisiert hat, daß die Gemeinde als ganze die hl. Messe feiert, und zwar in und mit ihren verschiedenen Organen, zu denen der geweihte Priester gehört wie die versammelte Gemeinde. Die Gemeindemitglieder, die zur hl. Messe gehen, besuchen demnach nicht eine „Veranstaltung" des Priesters, der sie passiv beiwohnen. Die Gemeinde beteiligt sich innerlich am Gottesdienst und trägt ihn mit durch ihr Beten, Singen und sonstiges liturgisches Mittun in einzelnen Diensten. Die Gemeinde ist „Mitliturgin", „Mitpriesterin". Auf diese Weise realisiert sie ihr allgemeines Priestertum (Wolf, S. 141–148).

Die nie geschriebene Dogmatik und die veröffentlichte Vorlesung *Hörer des Wortes*

Während des Krieges sollten auch die Voraussetzungen für ein Werk geschaffen werden, daß die vielfältigen neuen theologischen Erkenntnisse in ein dogmatisches Handbuch zusammenfaßt. Schon 1939 während eines Ferienaufenthaltes auf dem Zenzenhof bei Innsbruck hatte sich Rahner zusammen mit dem Schweizer Mitbruder Hans Urs von Balthasar (1905–1988) mit der Frage beschäftigt, wie eine neue „Dogmatik", also eine systematische Darstellung des christlichen Glaubens, aussehen könnte. 1941 zeigte auch der Herder-Verlag in Freiburg Interesse an diesem Vorhaben. Man wollte natürlich auch Hans Urs von Balthasar dafür gewinnen, der durch sein umfangreiches, jedoch ganz anders geartetes theologisches Werk an Bedeutsamkeit Rahner gleichzustellen ist. Wäre diese Dogmatik realisiert worden, wäre gewiß ein von denkerischer Schärfe und zukunftsweisender Dynamik gekennzeichnetes Werk entstanden. Vielleicht hätte auch die spätere Kontroverse zwischen Rahner und Balthasar einen anderen Verlauf genommen. Aber die widrigen Zeitumstände, die das Reisen erschwerten, zumal in die neutrale Schweiz bzw. aus ihr, verhinderten Zusammenkünfte und detaillierte Absprachen der Beteiligten. Hinzu kamen aber auch fachliche Vorbehalte Balthasars gegenüber Mitarbeitern, die Rahner an diesem Projekt beteiligen wollte, nämlich die Mitbrüder Alfred Delp und Paul Bolkovac. Der verantwortliche Lektor im Herder-Verlag, Robert Scherer, vermutete schließlich, daß Balthasar eingeschnappt sei, weil Rahner die Auswahl der Mitarbeiter selbst getroffen habe.

Aber auch der Denkstil Rahners sagte Balthasar nicht sonderlich zu. In einer 1939 erschienenen Besprechung von *Geist in Welt* bemerkte er eine Einseitigkeit in Rahners Denken. Denn Rahner versuchte in seiner Doktorarbeit die zentralen Aussagen über die Wirklichkeit und Gott ganz vom menschlichen Subjekt her zu formulieren. Diese Einseitigkeit wollte Balthasar durch eine Wende zum Objektiven ergänzt sehen (Balthasar, Rez.). 1947 veröffentlichte Balthasar selber eine Schrift über die Wahrheit, die in der Tat den genau umgekehrten Weg einschlägt: Die objektive Wirklichkeit nimmt das menschliche Subjekt im Erkenntnisvorgang zunächst völlig in Beschlag. Das Subjekt hat der objektiven Wahrheit „demütig zu dienen". Wie wir noch sehen werden, hatte Balthasar den Eindruck, daß Rahners philosophischer Ansatz beim Erkenntnisstreben des Subjekts auch die Wahrheit Gottes in die Grenzen und unter die Herrschaft der menschlichen Vernunft zwingt (s. S. 122 ff.).

Hans Urs von Balthasar, *Rezension von Karl Rahner, Geist in Welt*, in: Zeitschrift für katholische Theologie 63 (1939) S. 371–379 (Kurztitel = **Balthasar, Rez.**).

Die 1947 erschienene Arbeit *Wahrheit der Welt* gab Hans Urs von Balthasar 1985 erneut heraus, und zwar als Band 1 seiner dreibändigen *Theologik*.

Andererseits konnte Balthasar in der gleich noch vorzustellenden Religionsphilosophie Rahners aus dem Jahr 1941 eine Wende in dessen Denkstil feststellen: Jetzt würde Rahner durchaus auch von der objektiven Wirklichkeit her die Themen der philosophischen Metaphysik, nämlich Mensch (Seele), Welt und Gott entfalten.

Eine Verständigung Balthasars mit Rahners Denkstil sieht aus dieser Perspektive nicht aussichtslos aus (Schulz, S. 690–737). Dennoch scheint die Vermutung nicht aus der Luft gegriffen, daß die am menschlichen Subjekt orientierte Denkweise Rahners für Balthasar zumindest einen gewichtigen Grund darstellte, weshalb er Ende November 1941 brieflich mitteilte, er wolle sich von dem Vorhaben einer gemeinsamen Dogmatik zurückziehen. Der von Balthasar angeführte Zeitmangel und die von ihm als unpassend eingeschätzten Mitarbeiter dürften nicht allein ausschlaggebend gewesen sein. Rahner bevorzugte es in der Folgezeit, zu einzelnen Themen und Fragen dogmatische Überlegungen vorzulegen. Eine zusammenhängende Dogmatik verfaßte er nie. 1954 veröffentlichte er nur den Aufriß der von ihm und Balthasar geplanten Dogmatik (Schriften, Bd. 1, S. 9–47). Wirksam wurden Rahners Überlegungen immerhin bei der Konzeption und Durchführung einer breit angelegten, von verschiedenen Autoren getragenen fünfbändigen Dogmatik, *Mysterium Salutis* (= Geheimnis des Heils) genannt, die ab 1965 erschien und für die auch Rahner Beiträge verfaßte, z. B. über die Dreifaltigkeit.

Eine für die Theologiegeschichte wichtige Arbeit Rahners fällt ebenfalls in diese Wiener Zeit: Für die Salzburger Hochschulwochen 1937 verfaßte Rahner religionsphilosophische Vorlesungen, die Gedanken aus *Geist in Welt* aufgreifen und darlegen, wie es überhaupt denkbar ist, daß sich Gott in der Geschichte des Menschen endgültig zu offenbaren vermag. Rahner zeigt durch philosophische Überlegungen, daß der Mensch als Mensch auf ein möglicherweise in der Geschichte ergehendes Offenbarungswort Gottes bezogen ist. 1941 erschienen diese Vorlesungen unter dem Titel *Hörer des Wortes* (siehe S. 108–121).

Im Sommer 1944 verbrachte Rahner einen Ferienaufenthalt in Niederbayern. Wegen zunehmender

Vgl. zur **Verständigung** die Studie vom Autor, *Sein und Trinität*, 1997 (Kurztitel = **Schulz**).

Zu Karl Rahners *Schriften zur Theologie*, Bd. 1–16, 1954–1984 siehe S. 34 (Kurztitel = **Schriften**).

Mysterium Salutis. *Grundriß heilsgeschichtlicher Dogmatik*, hrsg. v. Johannes Feiner und Magnus Löhner, 1965 ff. Rahner verfaßte den wichtigen Artikel: *Der dreifaltige Gott als transzendenter Urgrund der Heilsgeschichte*, in: Bd. 2, S. 317–401 (Kurztitel = **Der dreifaltige Gott**); siehe S. 165–174.

Karl Rahner, ***Hörer des Wortes***, in: Werke 4, S. 1–281. Zu den Salzburger Hochschulwochen 1937 vgl. Werke 4, S. XIV–XIX, S. 285–293.

Schwierigkeiten in Wien kehrte er aus Niederbayern nicht mehr zurück und arbeitete bis August 1945 in der Seelsorge. Rückblickend auf Naziherrschaft und Kriegsjahre kann Rahner feststellen, daß Hitlers Kirchenfeindlichkeit und die Primitivität der Ideologie sofort über seine und der Jesuiten Einstellung zum Nationalsozialismus entschieden haben. Viele, nicht nur Delp, hatten zudem ihr Leben gelassen. Ob der kirchliche Widerstand hätte größer sein können, bewertet Karl Rahner vorsichtig. Viele hätten Juden geholfen und sich in große Gefahr begeben. „Aber im großen und ganzen bleibt es natürlich doch so, daß wir diesen Wahnsinn über uns ergehen ließen und uns hintendrein fragen müssen, was hätten wir eigentlich tun sollen“ (Erinnerungen, S. 51–56).

Neubeginn mit „schwerem Zeug"

1945–1948 hielt Karl Rahner theologische Vorlesungen im Berchmanskolleg in Pullach bei München.
Ab August 1948 gehörte Rahner wieder zur Theologischen Fakultät in Innsbruck, zunächst als Dozent, dann ab 1949 bis 1964 als Professor für Dogmatik und Dogmengeschichte. In dieser Zeit wird er weltweit bekannt. Sein Arbeitseinsatz drohte jedoch, die Grenzen der eigenen physischen Kräfte zu überschreiten. Oft zelebrierte er bereits kurz nach 5 Uhr die hl. Messe. Dann dozierte er in lateinischer Sprache über die Themen Schöpfung, Erbsünde, Gnade, das Sakrament der Buße, Weihe und Krankensalbung. Seine seelsorgliche Tätigkeit kam trotzdem nicht zu kurz. Regelmäßige Sonntagspredigten, Beichtehören, Exerzitienkurse und Gemeindearbeit füllten seinen priesterlichen Alltag. Eine ausgedehnte Vortragstätigkeit nahm ihn außerdem in Anspruch; kaum eine Einladung ließ er aus. Sein ökumenisches Engagement wurde schon erwähnt.
Ab 1957 bzw. 1958 war Rahner Mitglied der *Görres-Gesellschaft* und der *Paulus-Gesellschaft*. Beider Programm gemäß engagierte sich Rahner im Spannungsfeld von Glaube und moderner Welt, d. h. von Glaube und Naturwissenschaft, aber auch von Christentum und Marxismus (Imhof, S. 46 f.).
Ab 1955 arbeitete Rahner zusammen mit Josef Höfer an der Neuherausgabe des *Lexikons für Theologie und Kirche*, eines gewaltigen zehnbändigen Werkes, das die Frucht der modernen Theologie darstellen und den zwischen 1930 und 1938 erschienenen Vorgänger ersetzen sollte. Rahners Arbeitszeit wurde dadurch massiv in Anspruch genommen. Viele Lexikonartikel schrieb er selbst. 1957 erschien der erste Band.
Ein weiteres mit relativ ausführlichen Artikeln versehenes Lexikon erschien: *Sacramentum Mundi* begann in den frühen sechziger Jahren langsam

Das ***Lexikon für Theologie und Kirche*** – unter Theologen schlicht „LThK" genannt – gilt als *das* Lexikon der katholischen Theologie.
Seit 1993 gibt Walter Kasper eine ganz neu bearbeitete 3. Ausgabe heraus.

Gestalt anzunehmen; vier Bände erschienen 1967–69 unter dem Herausgeber und Mitautor Karl Rahner. Aus ihnen ging 1972 *Herders Theologisches Taschenlexikon* in acht Bänden hervor.

Zusammen mit seinem Schüler, dem Münsteraner Dogmatiker Herbert Vorgrimler, verfaßt er das 1961 zum ersten Mal veröffentlichte und immer wieder neu aufgelegte einbändige *Kleine Theologische Wörterbuch*. Rahner nannte es stolz und liebevoll „unser Lexikönchen". Es fand eine weite Verbreitung (Imhof, S. 50).

Bekannt geworden ist Rahner vor allem mit den insgesamt 16 Bänden seiner *Schriften zur Theologie* – insgesamt mehr als 8000 Seiten. Schon im Vorwort von Band 14, den Rahner als letzten ankündigte, meinte er in bezug auf die damals vorliegenden ca. 7500 Seiten: „Das scheint mir genug zu sein für mich – und den Leser." Aber es war eben noch nicht ganz genug. 1954 war der erste Band erschienen. Anfangs hatte man geglaubt, daß „so schweres Zeug" wohl niemand kaufen werde. Es wurde gekauft, inwieweit gelesen und verstanden, ist freilich eine andere Frage (Imhof, S. 54–56).

Ab 1958 gab Rahner zusammen mit dem zunächst evangelischen, dann zum katholischen Glauben konvertierten Neutestamentler Heinrich Schlier (1900–1978) die Reihe *Quaestiones disputatae* heraus. Der Titel greift zurück auf die Praxis an mittelalterlichen Universitäten, bestimmte Thesen und Fragen durch Rede und Gegenrede zu erörtern bzw. auf ein ähnlich verfahrendes Schrifttum (Quaestionenliteratur). Rahner und Schlier wollten für aktuelle Fragen ein Diskussionsforum schaffen, für alles, „was ein Mensch als Christ sich klarzumachen sucht, um besser Christ zu sein". Rahner eröffnete selbst die Reihe mit einem kleinen Band, in dem er ein neues Verständnis für die Inspiriertheit der Heiligen Schrift durch den Heiligen Geist zu skizzieren versuchte. Der 100. Jubiläumsband – der achte, den Rahner selbst für die Reihe schrieb – diskutierte ökumenische Thesen über die Möglichkeit einer Einigung der christlichen Kirchen (siehe S. 61f.).

Zitat aus: Karl Rahner, *Über die Schriftinspiration* (Quaestiones disputatae 1), 1958, S. 9.

1964 veröffentlicht Rahner als Mitherausgeber den ersten Band des *Handbuchs der Pastoraltheologie.* Seine Theologie sollte letztendlich der Seelsorge dienen und nicht einem intellektuellen Selbstzweck.

Konflikte mit Rom

Wie viele andere, später sogar zu Kardinälen erhobene Theologen, traf auch Rahner in den 50er und 60er Jahren auf Kritik von römischer Seite, aber auch innerhalb seines Ordens.

Zwei Jahre nach dem Krieg dachte Rahner laut über die Sündhaftigkeit der Kirche nach. Er nahm klassische Kritikpunkte der Kirchengegner in den Mund – um sich dem Problem der sündhaften Kirche theologisch zu nähern, die zugleich immer die heilige Kirche ist, da sie in Christi Rettungstat gründet, die stärker ist als alle Sünde (Schriften, Bd. 6, S. 301–304, 308f., 312, 318). Aber das so offen angesprochene Thema der Sünde in der Kirche behagte nicht jedem. Mit einigem Selbstbewußtsein sah man die Kirche als die Kraft an, die dem Nationalsozialismus getrotzt hatte. Darum glaubte man einfach an die Vorkriegszeit anknüpfen zu können, um den geistigen Wiederaufbau Deutschlands und Österreichs voranzubringen. Ein Ruf zu innerkirchlicher Umkehr und Veränderung schien unangebracht.

Erste, ganz offizielle Schwierigkeiten bekam Rahner wegen seiner Überlegungen zu einem mariologischen Thema. Zum Verständnis der im Jahr 1950 von Papst Pius XII. dogmatisierten leiblichen Aufnahme Marias in den Himmel wollte Rahner eine Abhandlung verfassen, die dieses neue Dogma im protestantisch geprägten Raum Deutschlands verständlich machen sollte. Rahner erzählte später, daß in der Einleitung des Manuskripts gestanden hätte, daß das neue Dogma „nicht jedem gebildeten Katholiken so ganz selbstverständlich in Geist und Herz eingehen" würde. Solche „psychologischen Bemerkungen" seien beanstandet worden (Bekenntnisse, S. 26).

Um das Dogma verständlich zu machen, hatte Rahner vor allem die Frage nach der Rechtmäßigkeit und den Prinzipien der Entwicklung von Dogmen stellen wollen, denn die Heilige Schrift enthält ja keine Angaben über das Lebensende Marias.

Wie begründet man also ein solches Dogma? Rahner suchte nach einer schriftgemäßen Erklärung für eine den ganzen Menschen – Leib und Seele – betreffende Auferstehung „vor" der allgemeinen Totenauferweckung am Ende aller Zeit. Er fand einen Beleg in der Passionserzählung des Matthäus-Evangeliums. Danach geht bereits mit dem Tod Jesu die alte Welt der Sünde und des Todes unter. Das Weltende ereignet sich anfanghaft. Das endzeitliche Zeichen der Sonnenfinsternis überschattet schon das Sterben Jesu am Kreuz. Und unmittelbar nach seinem Tod bebt die Erde – ebenso ein Zeichen des Weltendes (Mk 13,8.24ff.). Weil das Ende der Welt mit dem Tod Jesu anbricht, ereignet sich ebenso anfanghaft die Auferstehung der Toten: Nachdem Jesus gestorben war, „öffneten sich die Gräber, und die Leiber (!) vieler Heiligen, die entschlafen waren, wurden auferweckt" (Mt 27,52). Also ist es zumindest grundsätzlich nicht ausgeschlossen, mit dem Tod Jesu bereits eine Seele und Leib betreffende Vollendung des Menschen anzunehmen. Und das, was Matthäus in bezug auf diese vielen Heiligen sagt, kann natürlich – so die theologische Schlußfolgerung Rahners – von der heiligen Mutter Jesu ebenso geglaubt werden (Bekenntnisse, S. 22).

Zur Bedeutung der **schriftgemäßen Erklärung** von Dogmen vgl. S. 186 f.

Derartige, auf die Idee einer schriftgemäßen Glaubensentwicklung abzielende Überlegungen stießen nicht auf ungeteilten Beifall. Papst Pius XII. hatte 1946 bei einer Ansprache an die Generalkongregation der Gesellschaft Jesu die sogenannte *„Nouvelle théologie"* (= Neue Theologie; siehe S. 94ff.) mit kritischen Anmerkungen versehen. Deren historische Forschungen und Ausgaben der Kirchenväter schienen die Vorstellung von einer Veränderung und Entwicklung des Glaubens sowie der Theologie und von daher auch dogmatischer Formulierungen zu begründen. Man befürchtete einen Subjektivismus und Relativismus im Verständnis der wesentlichen Glaubensinhalte. Man sah Rahners mariologische Überlegungen offensichtlich in diesem Zusammenhang.

Französische Jesuiten galten neben Mitgliedern des Dominikanerordens als Protagonisten der *Nouvelle théologie.* Alle

stießen in der vom selben Papst 1950 veröffentlichten Enzyklika *Humani generis* auf ganz offiziellen Widerstand. Der Ordensgeneral der Jesuiten entzog u. a. Henri de Lubac (1896–1991) die Lehrerlaubnis, da er als einer der Hauptadressaten der Enzyklika angesehen wurde.
Erst in der zweiten Hälfte der 50er Jahre wendete sich das Blatt allmählich. Im November 1959 hielt Lubac wieder Vorlesungen. Papst Johannes XXIII. berief ihn zum Berater der Theologischen Vorbereitungskommission des *Zweiten Vatikanischen Konzils*. 1983 erhielt er die Kardinalswürde wie auch schon der Dominikaner Yves Congar und der Jesuit Jean Daniélou.
Nachzutragen ist noch, daß bei jener mariologischen Studie Rahners nicht nur der Gedanke der Dogmenentwicklung störte. Seine Überlegungen zur Auferstehung des Menschen im Moment des Todes drohte allem Anschein nach ebenso den Unterschied zur einzigartigen Vollendung Marias einzuebnen. Rahners Abhandlung über die leibliche Aufnahme Marias in den Himmel wurde nie gedruckt.

Konzelebration und die Jungfräulichkeit Marias bei der Geburt Jesu

Ein weiterer Konflikt ergab sich aus Rahners Überlegungen zur Legitimität einer von mehreren Priestern gefeierten Messe, der Konzelebration. Das Kirchenrecht von 1917 hatte die Konzelebration, von ganz wenigen Ausnahmen abgesehen, verboten. Wieder waren es historische Forschungen, welche die nur einfach unüblich gewordene Praxis der Konzelebration in Erinnerung riefen und die Diskussion über eine Erneuerung der altkirchlichen Praxis anregten.
Mancher befürchtete jedoch, daß durch die Konzelebration die mit der Feier einer Messe verbundene Gnadengabe Gottes verringert würde, weil mehrere Priester, die zusammen eine Messe zelebrieren, eben nur eine Wandlung der eucharistischen Gaben vollziehen. 1954 wandte sich Papst Pius XII.

in einer Ansprache indirekt gegen die Überlegungen Rahners. Die römische Glaubensbehörde verbot Rahner, sich weiterhin in dieser Sache zu Wort zu melden.

Das Zweite Vatikanische Konzil erneuerte die Konzelebrationspraxis. Als Rahner Papst Paul VI. auf das einstige Sprechverbot zur Konzelebration und auf die dennoch eingetretene Veränderung mit dem Konzil ansprach, kommentierte dies der Papst im Sinne des Buches Kohelet: es gibt eine Zeit zum Weinen, und es gibt eine Zeit zum Lachen (Erinnerungen, S. 78 f.; Vorgrimler, S. 113).

Zur Einführung in Leben und Werk Rahners ist zu empfehlen: HERBERT VORGRIMLER: *Karl Rahner verstehen,* 1988 (Kurztitel = **Vorgrimler**).

Nochmals erregte Rahner 1960 mit einem mariologischen Thema Anstoß: mit dem Thema der Jungfrauengeburt.

Er leugnete keineswegs die von der Kirche gelehrte geistgewirkte Empfängnis Jesu aus Maria, die nach Matthäus und Lukas ohne Zutun eines Mannes geschah. Der Sinngehalt der Jungfrauengeburt ist, daß sich schon mit dem Beginn des Lebens Jesu zeigt, daß dieser nicht nur ein geistbegabter Prophet war, sondern daß sich in ihm in unüberbietbarer Weise Gott selbst in Welt und Geschichte vergegenwärtigte, so daß in einem exklusiven Sinn Gott selbst Jesu Vater ist (vgl. Lk 2,49).

Doch die Kirche lehrt nicht nur die Jungfräulichkeit Marias vor der Geburt Jesu (*virginitas ante partum*). Die Kirche entwickelte ihre Lehre weiter: Sie bezog die Jungfräulichkeit Marias ebenso auf den Geburtsvorgang selbst (*virginitas in partu*). Das nicht im Neuen Testament enthaltene, im 2. Jahrhundert entstandene Evangelium nach Jakobus, das für den Glauben der frühen Christenheit auch maßgeblich war, erzählt von der jungfräulichen Geburt Jesu. Danach wurde auch das Hymen (Jungfernhäutchen) Marias bei der Geburt Jesu nicht verletzt. Weil man seit den Anfängen christlicher Theologie Maria als die neue Eva verstand, erkannten viele Kirchenväter in den besonderen Umständen bei der Geburt Jesu ein Zeichen dafür, daß Maria nicht den Folgen des Sündenfalls unterliegt: daß sie u. a. nicht „unter Schmerzen" gebiert, wie es Gott bei der Vertreibung aus dem Paradies Eva und damit allen

Frauen verheißt: „Viel Mühsal bereite ich dir, sooft du schwanger wirst. Unter Schmerzen gebierst du Kinder“ (Gen 3,16).
Rahner wollte nun die Besonderheit der Geburt Jesu aus Maria für die Gegenwart verständlich machen. Er argumentierte: Das Gebären Marias ist ein Akt, der ganz von ihrem Ja zu Gottes Verheißung („Mir geschehe nach deinem Wort“, Lk 1,38) getragen wird und deshalb in der Tat von anderer Qualität sein muß als die gewöhnliche Geburt unter Schmerzen. Die Geburtsschmerzen, so natürlich sie sein mögen – wie auch der Tod des Menschen – drücken die seit den Anfängen der Menschheitsgeschichte gegebene Unheilssituation aus: Die durch die Sünde Adams gesetzte Entfremdung und Trennung des Menschen vom Gott des Lebens und Heils. Die Geburt Jesu aus Maria, die „voll der Gnade“ (Lk 1,28) das Ja zu Gottes Erlösungshandeln spricht und deshalb die neue Eva heißt, ist darum nicht mehr verbunden mit der Erfahrung einer unheilvollen Trennung von Gott. In der Abwesenheit dieser Entfremdungserfahrung und in der Integration des Geburtsvorgangs in die neue Gemeinschaft Marias mit Gott besteht für Rahner der Kern der Aussage, auch die Geburt Jesu aus Maria sei jungfräulich.
Rahner läßt allerdings die Frage nach den biologischen Details – die Unverletztheit des Hymen und der Geburtswege – offen (Schriften, Bd. 4, S. 195–205).
Durch diese Überlegung zog sich Rahner den Argwohn römischer Stellen zu. Kardinal Julius Döpfners Fürsprache bei Papst Johannes XXIII. rettete Rahner 1961 vor einem Lehrverfahren. Am 22. März 1961 wird er von diesem Papst sogar zum Berater der vorbereitenden Konzilskommission für die Sakramente ernannt.
Doch Mißstimmungen blieben, auch im deutschsprachigen Raum. Rahner spricht am 1. Juni 1962 auf dem Österreichischen Katholikentag zu dem Wort aus dem Ersten Thessalonicherbrief „Löscht den Geist nicht aus!“; er spricht dabei vom „gesamtkirchlichen Apparat“, vom „römischen Zentralismus der kirchlichen Bürokratie“ und sieht die Gefahr, daß durch zuviel Amt in der Kirche Geist und Charisma zu kurz kom-

men könnten. „Nicht dort, wo die amtliche Maschinerie der Kirche reibungslos und leise läuft, nicht dort, wo ein totalitäres Regime exerziert würde", sei der sich auf Christi Botschaft hin öffnende Geist des Gehorsams zu spüren, sondern dort, „wo mitten im gemeinsamen Kampf um den Willen Gottes vom Amt das nichtamtliche Walten des Geistes respektiert" wird – aber auch umgekehrt der vom Geist bewegte Charismatiker dem Amtsträger Folge leistet (Schriften, Bd. 7, S. 81, 86).
Es gehört nicht viel Phantasie dazu, sich vorzustellen, daß diese und ähnliche Charakterisierungen des Leitungsamtes in der Kirche nicht nur bei den unmittelbar Betroffenen auf Kritik stießen. Besonders dunkle Wolken brauten sich unmittelbar vor Konzilsbeginn zusammen.

„Eminenz, auf dieses Privileg verzichte ich ..."

Bereits weit über ein Jahr zum Konzilsberater ernannt und nur drei Monate vor der feierlichen Eröffnung des Konzils wurde Rahner am 7. Juni 1962 vom Ordensgeneral mitgeteilt, daß er sich von nun an einer sogenannten Vorzensur zu unterstellen habe; jede geplante Veröffentlichung sollte zunächst in Rom begutachtet werden. Auch Lubac erhielt im Sommer 1962 wieder eine Verwarnung.
Die Verhängung der Vorzensur traf Rahner sehr, zumal ihm nicht dargelegt wurde, was genau an seinen Veröffentlichungen nicht gefiel. In einem Brief an seinen Schüler, den Theologen Herbert Vorgrimler, klingt es trotzig: „Ich hab schon erklärt, daß ich dann einfach nichts mehr schreibe ..." (Vorgrimler, S. 179).
Rahner machte sich auf nach Rom, um mit dem Ordensgeneral Janssen zu sprechen. Dieser gab ihm zu verstehen, daß er nicht aus eigenen Erwägungen heraus handle, sondern Rahner nur Weisungen des Heiligen Offiziums (die heutige Glaubenskongregation) unter Leitung von Kardinal Alfredo Ottaviani mitteile. Der Jesuitengeneral begrüßte auch Rahners

Brief an die Bischöfe König, Döpfner und Volk, in dem Rahner gebeten hatte, sich für ihn in Rom einzusetzen. Der Ordensgeneral empfahl Rahner ebenso, sich an den Erzbischof von Köln, Kardinal Frings, zu wenden. Außerdem war klar, daß sich die Verhängung der Vorzensur nicht verheimlichen ließ.
Rahner dachte zudem an ein freundliches, jedoch deutliches Schreiben an den Papst, versehen mit den Unterschriften vieler prominenter Laien, die sich gegen die Maßnahme aussprechen. Dabei, so Rahner in einem Brief an Vorgrimler, gehe es ihm nicht primär um die eigene Sache. „Ich werde auch glücklich sein, wenn ich einmal ein paar Jahre ruhig für mich schreibe und das später veröffentliche. Aber ich denke: man soll es diesen gräßlichen Bonzen nicht zu leicht machen. Merken sie Widerstand, sind sie wenigstens beim nächsten Fall vorsichtiger und überlegen es sich nochmals" (Vorgrimler, S. 182) – Rahner neigte offenbar zu einem sprachlichen Grobianismus.
Aber Rahner mußte gar nicht selber die Unterschriftenaktion in Gang bringen. Die Medien berichteten bereits von der Vorzensur. Da startete Erich Kellner als Leiter der Paulus-Gesellschaft in eigener Regie eine breit angelegte Unterschriftensammlung. Man mobilisierte gut 250 Persönlichkeiten. Rahner befürchtete freilich, daß bei dieser Aktion auch der Schuß nach hinten losgehen könnte. Über Bundeskanzler Konrad Adenauer, der ebenfalls dem Anliegen zustimmte, gelangte die Unterschriftenliste auf diplomatischem Weg zum Papst.
Während des Konzils kam es zu einer entscheidenden Begegnung. Rahner traf einen jener „gräßlichen Bonzen" des Vatikans: Kardinal Ottaviani. Der Erzbischof von Wien, Kardinal Franz König (*1905), hatte Rahner zu seinem theologischen Berater erkoren und ihn zu einer Besprechung mitgenommen, in der Kardinal Ottaviani dabei war. „Kommen Sie nur mit" , habe Kardinal König zu ihm gesagt. „Ich ging dann zitternd hinein. Ich dachte mir, wenn das Ottaviani mitkriegt, schmeißt er mich raus. Aber das ist dann eben nicht passiert" (Bekenntnisse, S. 27). Vielmehr sprach man bald miteinander.

Rahner berichtet davon, daß der Kardinal zu ihm gesagt habe: „Wir haben in Rom nichts gegen Sie, wir wollten Sie durch diese Zensur nur in Schutz nehmen gegen Freunde von Ihnen, die Sie falsch verstehen – das ist ein Privileg. Ich habe ihm geantwortet: Eminenz, auf dieses Privileg verzichte ich. Privilegien braucht man ja nicht anzunehmen" (Bekenntnisse, S. 26).

Jedenfalls brauchte Rahner dieses Privileg nicht für immer anzunehmen. Am 28. Mai 1963 hob das Heilige Offizium die Vorzensur auf. Von da an hatte er keine weiteren Schwierigkeiten mehr von offizieller Seite.

1979 befindet Rahner über Ottaviani: „Er hat sich selbst als ein Carabinieri des Heiligen Stuhles bezeichnet. Er hat natürlich eine etwas altmodische Theologie als selbstverständlich betrachtet und von da aus dann dies und jenes bei mir beanstandet. Aber persönlich war er eigentlich ein großartiger Kerl. Er hat aus eigener Initiative ein Waisenhaus begründet oder geleitet. Er war persönlich sehr nett" (Erinnerungen, S. 69 f.).

Beim Konzil und „auf der schönen Piazza Navona Eis gegessen"

Der gute Johannes XXIII. hatte die Idee, ein Konzil zu machen. Den Grund dafür kennt letztlich niemand" (Bekenntnisse, S. 33). Am 25. Januar 1959, keine 90 Tage nach seiner Wahl (28. Oktober 1958), kündigte Papst Johannes XXIII. an, ein allgemeines Konzil für die Weltkirche einzuberufen. Dreißig Jahre im diplomatischen Dienst hatten dem Papst die Augen für die Situation der Kirche in verschiedenen Ländern geöffnet. Er wünschte ein „aggiornamento" der Kirche, eine „Verheutigung". Es ging ihm also nicht nur darum, das *Erste Vatikanische Konzil* fortzuführen.

Dieses war wegen des deutsch-französischen Krieges (Juli 1870) und der Besetzung der Stadt Rom durch piemontesische Truppen am 20. September 1870 (Italien sollte *ein* Staat werden, nicht getrennt durch den Kirchenstaat) abgebrochen worden. Am 20. Oktober hatte es Papst Pius IX. vertagt, ohne einen Zeitpunkt für die Fortführung zu nennen.

Vgl. dazu: Guiseppe Alberigo – Klaus Wittstadt, *Geschichte des Zweiten Vatikanischen Konzils 1959–1965*, Bd. 1, 1997, S. 7f.

Johannes XXIII. zeigte sich davon überzeugt, daß die Kirche an einem historischen Wendepunkt stehe, vor einer Epoche der Erneuerung. Eine bloße Fortsetzung des Ersten Konzils im Vatikan hätte diese Aufgabe nicht erfüllen können. An ein Konzil dachte man offenbar auch schon während des Konklaves zur Papstwahl. Den Einfall, ein Konzil einzuberufen, führte der Papst auf einen „Strahl himmlischen Lichtes" zurück, oder nüchterner gesagt: auf eine Idee, die von Gott kam.

Im Juni 1960 richtete der Papst Vorbereitungskommissionen ein, die die zahlreichen Eingaben aus aller Welt sichten sollten, um zu klären, mit welchen Fragen sich das Konzil befassen mußte. Rahners ehemaliger Lehrer in Valkenburg, der Jesuit und Alttestamentler Augustin Bea, wurde zum Leiter des neu geschaffenen *Sekretariats zur Förderung der Einheit der Christen* ernannt und erhielt dazu auch den Kardinalshut. Er hatte den Kontakt mit den nicht mit Rom verbundenen Kirchen zu pflegen.

Eine Eingabe wünschte die Wiederbelebung des Diakonats als eigenständiges Amt in der Kirche. Vor dem Ende des ersten Jahrtausends war es funktionslos geworden und zu einer Durchgangsstufe auf dem Weg zur Priesterweihe verkümmert. Das sollte sich ändern.

Rahner war der einzige Dogmatiker von Rang, der sich mit dieser Thematik schon bald nach dem Krieg beschäftigt hatte: 1957 entfaltete er in einer Festschrift für den Münchener Dogmatiker Michael Schmaus seine Gedanken. Rahner galt daher als der Fachmann, an dem man nicht vorbeigehen konnte; aber allzu wohlgesonnen war man ihm dennoch nicht. Er wurde in die Vorbereitungskommission für die Sakramentendisziplin berufen, um seine Überlegungen zum ständigen Diakonat in Form eines Gutachtens beizusteuern. Man hatte ihn aber zu keiner Kommissionssitzung eingeladen; das Gutachten sollte er nur zuschicken. Rahners Beitrag zum Konzil wäre demnach recht bescheiden ausgefallen (Neufeld, S. 239 f.).

Der Aufsatz Rahners zum Diakonat findet sich auch im: KARL RAHNER, *Sendung und Gnade* 5. Aufl. 1988, S. 271–281.

Das Blatt wendete sich, als im Oktober 1961 der Erzbischof von Wien, Kardinal König, beschloß, Rahner zu seinem privaten Konzilsberater zu machen. Beide kannten sich bereits länger durch Rahners Aufenthalt in Wien und aus Innsbruck. Er hatte dem Kardinal Gutachten über zentrale dogmatische Fragen zu erstellen, die auf dem Konzil behandelt werden sollten. Denn der Kardinal mußte als Mitglied der vorbereitenden Kommission feststellen, daß die von den römischen Theologen ausgearbeiteten Texte, die das Konzil beraten sollte, in recht traditioneller Form daherkamen.

Statt einfach über diese Textvorlagen abzustimmen, wollten Kardinal König und andere Bischöfe die Themen neu bedenken und die Ergebnisse der gemeinsamen Beratungen zur Grundlage der Beschlüsse machen. Der Papst selbst hatte in seiner Eröffnungsansprache am 11. Oktober 1962 ein positives Verhältnis zur Gegenwart betont und eine bloße Wiederholung der traditionellen Lehre abgelehnt. „Jetzt ist es wahrhaftig nötig, daß die gesamte christliche Lehre ohne Abstriche in der heutigen Zeit vor allem durch ein neues Bemühen angenommen werde ..." Gleichwohl ging der Papst davon aus, daß das Konzil nur eine Sitzungsperiode beanspruchen würde, man also doch im wesentlichen die bereits erarbeiteten Vorlagen beschließen werde.

Zitiert nach: OTTO HERMANN PESCH, *Das Zweite Vatikanische Konzil* (1962–1965), 3. Aufl. 1994, S. 76.

Um die Textvorlagen der Vorbereitungskommission zu überprüfen, suchte Kardinal König nach eigenem Bekunden einen Theologen, der in Treue zur theologischen Tradition neue Denkwege zu erschließen vermochte. So fiel seine Wahl auf Rahner; er sollte zum *Peritus*, d. h. zu einem Konzilssachverständigen, ernannt werden. Kardinal König besprach seine Personalentscheidung eigens mit dem Papst, insbesondere mit Kardinal Ottaviani, der in der Tat Einwände erhob. Aber Kardinal König gelang es, die Bedenken zu zerstreuen. Dennoch konnte sein Peritus nicht einfach an den entscheidenden Kommissionssitzungen teilnehmen. Rahner arbeitete deshalb zunächst im Hintergrund. Er beriet Bischöfe und sprach mit Theologen.

Am 5. Dezember 1962 nahm Kardinal König seinen Berater Karl Rahner einfach in eine von den Kardinälen Ottaviani und Bea geleitete Kommission mit, in der man sich über das Verständnis der Hl. Schrift und der Tradition als Quellen der Offenbarung auseinandersetzen wollte. Ziel war es, den Text eines der wichtigsten Konzilsdokumente zu erstellen: *Die dogmatische Konstitution über die göttliche Offenbarung „Dei Verbum"* (= Gottes Wort). Vor der Begegnung mit Kardinal Ottaviani hatte Rahner, wie erwähnt, große Hemmungen. Doch Rahner überzeugte auch ihn durch seine verblüffende Kenntnis der Dogmengeschichte und Theologie, durch seine Gewandtheit in der lateinischen Sprache und vor allem durch seine guten Beiträge.

Rahner engagierte sich ebenso bei den Textvorlagen zur *Dogmatischen Konstitution über die Kirche „Lumen gentium"*

(= Licht der Völker) – ein weiterer zentraler Text des Konzils. Die Bedeutung der vom Bischof geleiteten Ortskirchen lag Rahner am Herzen und wurde in *Lumen gentium* berücksichtigt. Ein überzogener römischer Zentralismus schien ihm damit korrigiert.

Am 3. Juni 1963 überraschte die Konzilsteilnehmer die Nachricht vom Tod Johannes XXIII. Bereits am 21. Juni wählte man den Erzbischof von Mailand, Kardinal Giovanni Battista Montini (1897–1978) zum neuen Papst, der als Paul VI. das Konzil zu seinem Abschluß führte. Doch bis dahin war es noch ein weiter Weg.

Rahners Mitarbeit galt der ebenfalls wichtigen *Pastoralen Konstitution über die Kirche in der Welt von heute „Gaudium et spes“* (= Freude und Hoffnung). In diesem Zusammenhang meldete Rahner eine Kritik an, die man zunächst gar nicht vermuten würde und manchem vielleicht konservativ anmutet. Die Vorlagen seien zu sehr von der Idee einer bloßen Weltverbesserung beseelt – von einer Idee mithin, die der Aufklärung entsprang. Man erörtere zu wenig das Problem der Sünde, die den Menschen daran hindere, durch eigene Kraftanstrengung eine paradiesische Gesellschaft zu errichten. Auch die Kirche selber werde mitunter zu einseitig charakterisiert, als ob sie bereits über alle Lösungsmittel für die Übel der Menschheit verfüge (Neufeld, S. 263). Die endgültige Version des Textes von *Gaudium et spes* beinhaltet zwar keine entfaltete Lehre von der Erbschuld und persönlichen Sünde, berücksichtigt sie jedoch an verschiedenen Stellen (GS 10, 13, 25, 37).

Sämtliche Texte des Zweiten Vatikanums, so auch der Untertitel, finden sich im *Kleinen Konzilskompendium* von Karl Rahner und Herbert Vorgrimler, 17. Auflage 1984. In der Fachwelt hat es sich eingebürgert, die Konzilstexte mit den großgeschriebenen Anfangsbuchstaben ihrer lateinischen Titel zu zitieren: **GS 10 = *Gaudium et spes***, Artikel 10.

Wenn Rahner sich später für die lateinamerikanische Befreiungstheologie, die Politische Theologie (siehe S. 190 ff.) einsetzte oder Überlegungen zu einer Theologie der Revolution vortrug, dann vergaß er nicht, die theologische Dimension sozialer Mißstände zu benennen. Andererseits wollte er die theologische Dimension (z. B. die erbsündliche Belastung des Menschen) niemals zum Alibi für gesellschaftspolitisches

Nichtstun der Kirche erklären; „Opium für das Volk" (Karl Marx) sollte das Christentum keinesfalls sein.
Nur anfangs besuchte Rahner die großen Sitzungen der Bischöfe in der Petersbasilika. „Es war zwar in Sankt Peter selbst am Vormittag ganz nett, es gab Kaffee in einem Winkel in der Kirche, mit Süßigkeiten ..." (Bekenntnisse, S. 30). Aber da die eigentliche Arbeit in den Kommissionen zu machen war, beschränkte er sich weitgehend auf deren Besuch.
Im übrigen war das Konzil für Rahner „auch sonst ganz interessant, man hat Journalisten getroffen", aber nicht nur, und „auf der schönen Piazza Navona Eis gegessen" (Bekenntnisse, S. 28).
Für Rahner bedeutete das Konzil „einen Durchbruch und einen tiefgreifenden Wandel in der Theologie, Dogmatik und Exegese" (Bekenntnisse, S. 32). Seine Art, Theologie zu betreiben, hatte sich auch auf dem Konzil über nicht geringe Strecken durchgesetzt, wenngleich nicht überall. In einem Interview wehrte sich Rahner jedoch dagegen, der große „Holy Ghost Writer" des Konzils gewesen zu sein. Die vielen Textabänderungen machen es nahezu unmöglich, Formulierungen von Rahner eindeutig zu identifizieren (Erinnerungen, S. 90 f.).
Er wertete das Konzil als ein zum ersten Mal weltkirchliches Ereignis. Es habe ein Bewußtsein für die Universalität der Kirche geschaffen und den Eurozentrismus überwunden. Für die volle Realisierung der Konzilsbeschlüsse veranschlagte er viele Jahrzehnte.
Nicht ganz so lang dauerte die von ihm unterstützte Einführung des ständigen Diakonats. Am 28. April 1968 wurden in Köln die ersten fünf in der Ehe lebenden Diakone geweiht. In Deutschland gab es Ende 1997 knapp 2 100 Diakone, weltweit fast 22 900.
Während seines Aufenthaltes in Rom wohnte Rahner wie auch Kardinal Döpfner im Collegium Germanicum et Hungaricum. Deswegen konnten viele Studenten unmittelbar Rahners und des Kardinals Arbeit für das Konzil verfolgen. Oft unterstützten die Studenten sie. So lernte Rahner den für die

Erzdiözese Freiburg studierenden Alumnen und Priester Karl Lehmann kennen. Von 1964–1967 war er Rahners Assistent, bis er 1968 selber Professor für Dogmatik wurde. 1983 trat er die Nachfolge von Bischof Hermann Kardinal Volk in Mainz an. Lehmann unterstützte auf vielfältige Weise die Publikation und Verbreitung der Arbeiten Rahners, z. B. durch ein zum 75. Geburtstag Rahners herausgegebenes Karl-Rahner-Lesebuch.

Eine Auswahl der zahlreichen publizistischen Verbindungen zu Karl Lehmann kann dem Anhang „Lesetips und Kurztitel" entnommen werden.

Um für die Themen der Theologie überhaupt, aber auch für die Beschlüsse und die Theologie des Konzils eine Diskussionsplattform zu schaffen, engagierte sich Rahner bei der Gründung und Leitung der internationalen Zeitschrift *Concilium* (Vorgrimler, S. 107 f.).

Zusammen mit Herbert Vorgrimler gab Karl Rahner 1966 unter dem Titel *Kleines Konzilskompendium* die Texte des Zweiten Vatikanums heraus, versehen mit Einleitungen in die einzelnen Dokumente.

München und Münster – „Meine Vorlesungen gelten als schwer“

Während des Konzils im Februar 1963 fragte man Rahner, ob er nicht den Lehrstuhl Romano Guardinis für christliche Weltanschauung und Religionsphilosophie an der Ludwig-Maximilians-Universität in München übernehmen wolle. Guardini unterstützte diese Nominierung, ebenso Kardinal Döpfner. Rahner überlegte nicht lange. Nach 15 Jahren in Innsbruck reizte ihn der Wechsel an einen philosophischen Lehrstuhl. Es reizte ihn zudem, mit fast sechzig Jahren noch einmal einen neuen Anfang zu wagen. Rahner übersiedelte nach München. Im Sommersemester 1964 begann er mit der Vorlesung. Er hatte vor, neben einer Erschließung der Konzilstexte eine *Einführung in den Begriff des Christentums* zu geben. Besonders philosophisch waren beide Vorhaben nicht. Der Theologe in Rahner war mächtiger als der Philosoph.

Bereits nach wenigen Vorlesungsstunden stand für die Zuhörer fest: Rahner ist nicht Guardini. Guardini konnte schwierige Sachverhalte verständlich und rhetorisch brillant darstellen. Rahners Art hingegen, einem Problem durch bohrende Fragen auf den Grund zu gehen, wirkte schwerfällig und verlangte ein geistiges Mitgehen, das nur bereits theologisch geschulte Köpfe nicht aus dem Tritt brachte. In einem Brief an Herbert Vorgrimler schreibt Rahner schon Ende Mai 1964: „Meine Vorlesungen gelten als schwer. Mein Gott, was soll ich machen. Ich kann es auch nicht ändern. Und wenn ich es noch billiger machen würde, wäre es auch nichts. ... Letztlich ist mir die Klage eigentlich wurst. Denn wenn ein vernünftiges Buch da herauskommt, ist der Kirche mehr gedient, als wenn ich ein paar hundert dumme Leute wie Guardini erbaue. Mein' ich“ (Vorgrimler, S. 219). Das Buch, das in der Tat dabei herauskommen sollte, war der *Grundkurs des*

Glaubens. Es erschien allerdings erst 1976 und gehört zu den Werken, ohne deren Darstellung die Theologiegeschichte des 20. Jahrhunderts nicht geschrieben werden kann. Andererseits signalisierte Rahners Weigerung, seine Zuhörer „zu erbauen“, sowie sein Interesse an genuin theologischen Themen, daß sein Platz vielleicht doch nicht auf einem philosophischen Lehrstuhl war.
Da bot man ihm an, die Professur für Dogmatik und Dogmengeschichte in Münster zu übernehmen. Er griff zu. Guardini war über diesen Schritt enttäuscht (Erinnerungen, S. 82). Anfang Mai 1967 begann Rahner in Münster, seine „schweren Vorlesungen“ zu halten. Für ihn selber wurde indes die Last der verschiedenen Verpflichtungen zu schwer. Im September 1971, nach nur neun Semestern, schied Rahner im Alter von 67 Jahren aus der Münsteraner Fakultät aus. Seine Laufbahn als Universitätsprofessor war beendet.

Im Einsatz für die Kirche

Nach dem Ausscheiden aus dem Universitätsbetrieb führte Rahner erst recht ein Leben auf Wanderschaft, von einem Vortragspult zum nächsten Podiumsgespräch, von Rundfunkinterview zu Fernsehaufnahmen. Zwischendurch diktierte er seine Ausführungen.
Rahner wurde bekannt – weltweit. Auch für Papst und Bischöfe wurde er ganz offiziell tätig. Er gehörte ab 1969 der Päpstlichen Internationalen Theologenkommission und der Glaubenskommission der deutschen Bischöfe an.

Reizthemen: Pille, Zölibat, Küng

Im Sommer 1968 erschien die heftig umstrittene Enzyklika Pauls VI. Humanae vitae, in der die künstliche Empfängnisverhütung zurückgewiesen wurde. Obwohl Rahner kein Moraltheologe war, wollte man in einem Spiegel-Interview von ihm wissen, wie diese Enzyklika zu beurteilen sei. Er stellte ihren grundsätzlich reformierbaren Charakter heraus im Unterschied zu einem eigentlichen Dogma, betonte die Möglichkeit einer – begründeten – Gewissensentscheidung des einzelnen angesichts dieser Lehre, machte aber ebensosehr deutlich, daß im Prinzip reformierbare Aussagen des Lehramtes keinesfalls wertlos oder weniger ernst zu nehmen seien. In der Tat sollen sie, so muß man hinzufügen, das Gewissen bilden und binden und vor einer vorschnellen trügerischen Fehleinschätzung bewahren. Einem billigen Sichvorbeistehlen an der menschlich-ethischen Bewertung der verschiedenen Arten der Empfängnisverhütung erteilte Rahner eine entschiedene Absage. Darin, die Selbstgefälligkeit einer im sexuellen Bereich nicht selten nur auf Lust und Genuß fixierten Gesellschaft grundsätzlich hinterfragt zu haben, sah Rahner die zeitgemäße Bedeutung der Enzyklika, auch dann, wenn man vielleicht später einmal anders über die künstliche

Empfängnisverhütung denken würde. Das bloße „Spaß-dran-Haben“ könne nicht „als die adäquate sittliche Norm gefeiert“ werden (Rahner im Gespräch 1, S. 88).

1968 wurde er in einem Interview nach dem Zölibat gefragt. Rahners Antwort fiel eindeutig aus. Wenngleich er im Zölibat keinen absoluten Wert an sich sieht, begründet er dessen Nichtabschaffung mit dem Hinweis auf die Gefahr einer völligen Verbürgerlichung des Priesters in der westlichen Kultur. Von den Kritikern des Zölibats erwartet er eine „Verrücktheit“ in der Lebensweise, um die Torheit des Kreuzes sichtbar zu machen. Dann könnte ihn die Kritik am Zölibat eher überzeugen. Rahner hat jedoch Schwierigkeiten, diese Torheit in der Lebensführung zu erkennen. Er fragt die „mit Villen versehenen Universitätsprofessoren ... Willst du nicht im Grund genommen deine bourgeoise Lebensweise auch noch in dieser Hinsicht abrunden?“ (Rahner im Gespräch 1, S. 65 f.). Für derartige Stellungnahmen erntete Rahner von Progressiven, die ihn gerne für sich vereinnahmten, keinen Beifall.

Ähnlich verhielt es sich im „Fall Küng“: In dem 1970 erschienen Buch *Unfehlbar? eine Anfrage* sprach Rahner ein klares Nein gegen Hans Küngs Kritik der Unfehlbarkeit des Lehramtes, der Konzilien und der Päpste.

Küngs Trennung eines allgemeinen Bleibens in der geoffenbarten Wahrheit von der Möglichkeit, diese Wahrheit auch in dogmatischen Sätzen zu formulieren, erteilt er eine differenzierte Absage.

Für Rahner ist schon auf rein menschlicher Ebene klar, daß die Entscheidung für eine Wahrheit – für die einer Liebe etwa – immer auch in Begriffe und Sätze gefaßt werden muß, wenngleich das Begriffliche nicht erschöpfend diese Wahrheit auszusagen vermag.

Erst recht kann die in Jesus Christus geoffenbarte Heils-Wahrheit Gottes nicht unerreichbar über der Verstehensfähigkeit des Menschen schweben, sosehr nach Küng der Gläubige in dieser Wahrheit auch existentiell bleiben mag. Wenn die Menschwerdung Gottes nicht sinnlos werden soll, dann darf sie nicht von vornherein an der Verstehensfähigkeit des Men-

Rahner diskutiert – wie auch andere Theologen – Küngs Kritik des Unfehlbarkkeitsdogmas. Rahners eigene Überlegungen und die anderer Theologen gibt er 1971 in dem Sammelband *Zum Problem der Unfehlbarkeit. Antworten auf die Anfrage von Hans Küng* heraus. Siehe dort bes. S. 9–70.

schen scheitern. Wer bestreitet, daß die Kirche und ihre berufenen Organe in der Lage sind, Gottes Offenbarung zu verstehen und authentisch weiterzutragen, wer also die Unfehlbarkeit der Kirche bei der Erkenntnis und Weitergabe der Heils-Wahrheit Gottes in Abrede stellt, der erklärt letztlich auch, daß eine an alle Menschen gerichtete Offenbarung Gottes in Zeit und Geschichte ein unsinniges und widersprüchliches Unterfangen ist. Schon die von Menschen verfaßte Bibel könnte ja ein einziges Mißverständnis der Offenbarung darstellen, wenn man bestreitet, Menschen hätten hier ohne Irrtum – zumindest in bezug auf die zentralen Heilswahrheiten – Gottes Wort vernommen und korrekt aufgeschrieben.

Als Küng Ende 1979 die Lehrbefugnis entzogen bekam, zeigte Rahner für diese Maßnahme durchaus Verständnis, wenngleich er nicht vergaß, von „Gefahren eines sterilen reaktionären Hinterwäldlertums in der Kirche“ zu sprechen, die „zu einem gewissen Grad real werden können“ (Karl Rahner im Gespräch 2, S. 138–140).

Wo Rahner allerdings eine Chance zur Verständigung sah, hat er sich für Theologen eingesetzt, deren Thesen von den deutschen Bischöfen oder von der *Glaubenskongregation* hinterfragt oder beanstandet wurden.

Der vom Konzil erwünschte Neuaufbruch und die geistigen und kulturellen Turbulenzen der Studentenunruhen von 1968 weckten bei vielen mehr und mehr den drängenden Wunsch nach einer Synode aller deutschen Bistümer. 1971–1975 tagte die *Würzburger Synode*. Wieder fragte man Rahner um Rat. Die deutschen Ordensoberen wählten neben neun anderen ihn zum Synodalen. Schließlich wählte man ihn in die Zentralkommission. Seine Wortmeldungen hatten Gewicht, z. B. bei der Frage der Laienpredigt, die er befürwortete. Rahners Schüler Johann Baptist Metz verfaßte die Erklärung *Unsere Hoffnung. Ein Bekenntnis zum Glauben in dieser Zeit.* In ihr fand Rahners Denken ein gewisses Echo.

Die „Amtskirche"

Bald nach dem Konzil und während der Durchführung der Würzburger Synode war in Rahners Äußerungen zunehmend eine kirchenkritische Haltung spürbar geworden: er fürchtete um eine konsequente Umsetzung des Konzils; einzelne Entwicklungen und geistige Einstellungen schienen ihm rückwärtsgewandt, geeignet für einen „Marsch ins Ghetto" (Lehmann, Portrait, S. 21*).

KARL LEHMANN, *Einführung: Karl Rahner. Ein Porträt*, in: *Rechenschaft des Glaubens. Karl-Rahner-Lesebuch*, 1979, 13*–53* (Kurztitel = **Lehmann, Porträt**).

Ein erster aufsehenerregender Konflikt dieser Art entspann sich um einen Text, den Rahner zusammen mit Karl Lehmann formuliert hatte. Rahner und Lehmann waren Berater der Glaubenskommission der Deutschen Bischofskonferenz und hatten aus eigener Initiative ein *Memorandum* verfaßt. Darin ging es ihnen um ein Überdenken des Zölibats, um eine neue Sinngebung angesichts massiver Infragestellung, und um die Möglichkeit des verheirateten Priesters. Die meisten Berater der Glaubenskommission unterschrieben es. Anfang Februar 1970 wurde es mehr als 50 Bischöfen zugeschickt. Aber nur zwei Bischöfe reagierten überhaupt.
Am 18. März 1970 kam es ausgerechnet bei der Verleihung des Romano-Guardini-Preises der Katholischen Akademie in Bayern an Karl Rahner zum Eklat. Rahner sprach über *Freiheit und Manipulation in der Kirche.* Darin unterstellte er ein Versagen der „Amtskirche", und zwar im Zusammenhang mit dem *Memorandum* zur Zölibatsdiskussion. Zwar seien nicht die Bischöfe selber für ihr mehrheitliches Schweigen verantwortlich, sondern ihre „institutionalisierte Mentalität". Diese sei „feudalistisch, unhöflich und paternalistisch" (Imhof, S. 124). Außerdem erregte Rahner Anstoß mit dem kirchenkritischen Wort von der „Amtskirche".
Kardinal Döpfner fühlte sich tief verletzt und mißverstanden. Noch auf der Akademieveranstaltung ging er auf Rahner zu und ließ „seinem Unmut freien Lauf": „Ich wünsche Ihnen, daß Sie mal zehn Jahre Bischof wären" (Imhof, S. 122). Auch der Bischof von Mainz, Kardinal Volk, meinte, man sei nicht

hierher gekommen, „um sich beschimpfen zu lassen". Karl Lehmann, der über diesen Eklat berichtet, resümiert: „Viele Freunde verstanden Rahner nicht mehr."

Bei der späteren Veröffentlichung des Vortrags räumte Rahner ein, der Vortrag sei dem Anlaß nicht angemessen gewesen, änderte aber am Text nichts. Nur das Wort „Amtskirche" ersetzte er durch „kirchliche Amtsträger" (Imhof, S. 122, 124).

Später zeigte er sich erneut davon überzeugt, daß die Amtsträger wegen ihres herrschaftlichen Verhaltens selber an der Rede von der Amtskirche „schuld" seien (Bekenntnisse, S. 48).

Auch insgesamt bekam das seit dem Konzil gute Verhältnis zum Präsidenten der Würzburger Synode, Kardinal Julius Döpfner, Risse. Der Münchener Erzbischof mußte das Ganze im Auge behalten, Rahner wollte oft vorwärtsstürmen. 1972 legte er seine Ideen über den *Strukturwandel in der Kirche* schriftlich nieder. Das Verständnis von Autorität und Amt unterzieht er einer kritischen Prüfung; wieder fällt das wenig glückliche Wort von der „Amtskirche". Rahner weiß, daß es nur ein Amt in der das ganze Volk Gottes umfassenden Kirche gibt, und die Kirche nicht erst mit dem Amt anfängt. Das Zweite Vatikanum hatte dies überdeutlich herausgestellt, so daß der Begriff „Amtskirche" theologisch irreführend ist. Rahner fühlt sich jedoch zu dieser polemischen Sprache berechtigt, weil das Amt das Kirchenvolk von oben herab regiere und in seiner Praxis dem Konzil nicht entspreche.

KARL RAHNER, ***Strukturwandel in der Kirche*** als Chance und Aufgabe, Neuausgabe, mit einer Einführung v. Johann Baptist Metz, 1989.

Mit Kardinal Joseph Höffner, dem Erzbischof von Köln, war es auf der Würzburger Synode zu Auseinandersetzungen gekommen. Rahner hatte auf dessen Behauptung, man könne sagen, Jesus sei Gott, mit einer differenzierenden Gegenrede geantwortet. Er befürchtete, man könne eine derartige Formulierung mythologisch verstehen: Jesus sei nur ein in Menschengestalt verwandelter Gott. Wegen dieses naheliegenden Mißverständnisses würde das Christentum an Glaubwürdigkeit verlieren (Imhof, S. 118–122; siehe S. 159).

1974 verließ Rahner auch die *Internationale Theologenkommission*, weil sich seine Erwartungen nicht erfüllten. Man hätte nur gescheit miteinander diskutiert, sonst nichts; das sei ebenso in Deutschland möglich. Im übrigen könne man auch zu Hause Eis essen, „obwohl es ja sehr gutes in Rom gibt" (Erinnerungen, S. 93).

„Ich protestiere!" - „Schlagen Sie zu!"

1979 erhielt Rahners Schüler Johann Baptist Metz nicht den Lehrstuhl für Fundamentaltheologie in München, obwohl er von Rahner empfohlen und von der Katholisch-Theologischen Fakultät auf den Listenplatz eins gesetzt worden war. Der damalige Erzbischof Kardinal Joseph Ratzinger unterstützte die Vergabe der Professur an Metz nicht; der Kardinal befürchtete eine sich weiter verschärfende Polarisierung unter den Theologiestudenten. So lehnte auch der Kultusminister Hans Maier die Ernennung von Metz ab, zumal der Minister rechtlich nicht verpflichtet war, der Reihenfolge auf der Namensliste zu folgen.
Weil das Ministerium Metz nicht berief, publizierte Rahner den Zwischenruf *Ich protestiere.* Darin wirft er Ratzinger Machtmißbrauch vor, da dieser weder den Nachweis führe, daß Metz eine Theologie jenseits des katholischen Glaubens vertrete, noch belege, daß er einen unsittlichen Lebenswandel führe. Nur in diesen Fällen sei eine Ablehnung wirklich begründet. Die Ablehnung basiere daher auf einer inneren Distanz Ratzingers zur *Politischen* auch die Befreiungstheologie unterstützenden *Theologie* (vgl. S. 190 ff.) von Metz. Dagegen müsse man sich wehren (Neufeld, S. 339 f.).
Es bleibt allerdings die Frage, ob ein Bischof nicht auch dann kirchenpolitisch tätig werden darf, wenn er vor seinem Gewissen die Überzeugung gewonnen hat, daß ein Theologe zwar keine „häretische" Theologie vorträgt, er aber doch Thesen vertritt, die ihm für die Entwicklung seiner Ortskirche als nicht förderlich erscheinen. Die kritischen

Äußerungen Rahners oder der Vorfall in der Katholischen Akademie mögen das Ihre dazu beigetragen haben, daß auch Schüler von Rahner in ein ungünstiges Licht gerieten, zumal dann, wenn sie Rahners kirchenpolitischen Kurs unterstützten. Rahner nahm für sich das Recht in Anspruch, „seine Leute" durchzuboxen. So versuchte er auch auf der Synode, seine Freunde in bestimmte Gremien zu lancieren (Neufeld, S. 310). Könnte es nicht vielleicht sein, daß jetzt ein anderer für sich das – zumindest ebenso unbestreitbare – Recht in Anspruch nahm, sich gegen einen Fall von „Durchboxen" zu wehren? Wie dem auch sei, zum 70. Geburtstag von Metz trafen sich dieser selbst und Kardinal Ratzinger am 27. Oktober 1998 im westfälischen Schloß Ahaus anläßlich einer Festtagung zum runden Geburtstag. Beide verstanden sich besser als manchem Besucher, der ein intellektuelles Schauboxen erwartet hatte, lieb war (Deutsche Tagespost, vom 31. 10. 1998, S. 5).
Rahner hatte seinen Protest gegen die Ablehnung von Metz ohne Rücksprache mit seinen Oberen veröffentlicht. Es kam daher zu einem Gespräch mit dem verantwortlichen Provinzial. Als Rahner ins Zimmer eingetreten war, so erzählt sein Mitbruder Alfons Klein, forderte er den Provinzial auf: „Also, Pater Provinzial, nun schlagen Sie zu." Sofort darauf drangen Schmerzensschreie und Gejammer aus dem Zimmer. – Rahner hatte sich zu heftig ins Sofa fallen lassen und war mit dem Kopf gegen die Wand gestoßen ... (Imhof, S. 127).

Ordenspolitik und Mystik

Ordenspolitisch aktiv wurde Rahner anläßlich eines – kirchenrechtlich legitimen – Eingriffs von Johannes Paul II. in die Leitung des Jesuitenordens, der verständlicherweise für einigen Wirbel sorgte. Nach einem Schlaganfall, den der Ordensgeneral Pater Pedro Arrupe erlitten hatte, setzte der Papst Pater Dezza als *Delegaten* mit den Vollmachten eines Generals ein und ernannte auch einen Stellvertreter. Im April

1982 bei einer Zusammenkunft der Ordensprovinz in Freising bekundete Rahner sein Befremden über die Maßnahme, die durch ein Schreiben des Delegaten verständlich gemacht werden sollte. Rahner sah in jener Maßnahme und in diesem Schreiben eine faktische Infragestellung der Theologen der Gesellschaft Jesu gegeben und eine konservative Haltung der Kirchenleitung am Werk. Er stellte das Recht der Theologie heraus, auch am Lehramt vorbei Aussagen zu formulieren; er verwies u. a. auf den lehramtlichen Widerstand gegenüber der modernen Exegese, deren sich später das Lehramt selber bediente. Rahner glaubte deshalb trotz des Gehorsams, den der Jesuit dem Lehramt gegenüber schuldet, hinsichtlich mancher Gesichtspunkte das Recht auf eine legitime Distanz begründen zu können (Schriften, Bd. 15, S. 355–372). Dem Papst und Pater Dezza schienen jedoch die „legitime Distanz" mancher Jesuiten zu einzelnen lehramtlichen Äußerungen zu groß geworden zu sein.

Für Rahner wurde dieses Ereignis einmal mehr zum Anlaß, den Wurzeln der ignatianischen Spiritualität nachzugehen. In einer fingierten *Rede des Ignatius von Loyola an einen Jesuiten von heute* versucht er eine Standortbestimmung. Demnach besteht die Aufgabe des Jesuitenordens in der Vermittlung einer persönlichen Gotteserfahrung (Schriften, Bd. 15, S. 373–408). Denn, so Rahner, der „Christ der Zukunft" wird in dieser winterlichen Zeit des Glaubens „ein Mystiker sein, oder er wird nicht mehr sein" (Rahner im Gespräch 2, S. 34). Unter „Mystiker" versteht Rahner nichts Esoterisches oder Versponnenes. Er bezeichnet mit diesem Begriff einen Menschen, der aufgrund der Erfahrung der Nähe Gottes im alltäglichen Leben sich selbst mit Entschiedenheit an Gott festgemacht hat und deshalb besser in einer Umwelt bestehen kann, die das Christentum nicht mitträgt.

Wegmarken

In München und Münster hatte Rahner für Vorlesungen an der Einführung in den Begriff des Christentums gearbeitet. Ein riesige Materialsammlung war zusammenkommen. Doch für eine Buchpublikation wäre eine intensive Überarbeitung erforderlich gewesen. Rahner wollte aber keine Zeit verlieren. So zog man bereits ausgearbeitete Publikationen heran, um aus ihnen eine Art Zusammenfassung seiner Theologie zu schneidern.

Der Grundkurs des Glaubens

So erschien 1976 der *Grundkurs des Glaubens. Einführung in den Begriff des Christentums.* Er wurde in die verschiedensten Sprachen der Welt übersetzt, auch ins Vietnamesische oder in Kisuaheli (Vorgrimler, S. 134). Dieses Werk bemüht sich um das Durchdenken des Christentums auf „einer ersten Reflexionsstufe" , d. h. innerhalb der „Verständnishorizonte eines Menschen von heute" (Grundkurs, S. 5). Ein Wissen um den christlichen Glauben, um die wichtigsten Aussagen der Heiligen Schrift und Lehrtradition wird dabei vorausgesetzt. Ein Durchgang durch alle theologischen Disziplinen – der Schritt auf die zweite Reflexionsstufe – unterbleibt. Rahner meinte, dies würde sowohl ihn selbst als einzelnen Theologen als auch den gewöhnlichen Leser überfordern. Diese Bescheidenheit des „vorwissenschaftlichen" Anspruchs (Grundkurs, S. 6) korrespondiert mit Rahners Understatement, wissenschaftlich ein „Dilettant" sein zu müssen, da die Fülle des Wissens nicht mehr überschaubar sei. Das Mitgehen auf der ersten Reflexionsstufe setzt dennoch viel voraus, auch eine Bildung in philosophischem Denken. Wer die einzelnen Gänge – „Gang" nennt Rahner die Kapitel – mitgeht, gewinnt einen Begriff von den Bauprinzipien des Christentums im Horizont neuzeitlicher Weltanschauung.

Karl Rahners ***Grundkurs der Glaubens*** wird mit dem Kurztitel **Grundkurs** zitiert.

Einigung der Kirchen

Eine weitere Veröffentlichung Rahners erregte Aufsehen. Zusammen mit dem Münchener Fundamentaltheologen Heinrich Fries veröffentlichte er 1983, in dem Jahr, in dem man den 500. Geburtstag Martin Luthers feierte, in der Reihe *Quaestiones disputatae* als 100. Band das Buch *Einigung der Kirchen – reale Möglichkeit.* In acht Thesen werden auf der Grundlage bisheriger ökumenischer Arbeit konkrete Strategien vorgestellt, die eine Einigung der Kirchen nicht als fernes zukünftiges Ziel, sondern als jetzt bereits gegebene reale Möglichkeit erscheinen lassen. Der oft anzutreffenden Haltung, die Einigung der Kirchen in eine ferne Zukunft zu vertagen, wollen beide entschieden entgegensteuern. Sie verstehen ihr Buch als „Notschrei von Christen, die den Eindruck haben, es gehe in dieser Sache [der Ökumene] nicht weiter“ (Einigung, S. 13).

1986 erschien eine Sonderausgabe von KARL RAHNER / HEINRICH FRIES: ***Einigung der Kirchen – reale Möglichkeit*** mit einer Bilanz „Zustimmung und Kritik“ von H. Fries (Kurztitel = **Einigung**).

Trotz des beanspruchten Gegenwartsbezugs kann man den Thesen kaum einen visionären Charakter absprechen. Kardinal Ratzinger sah beide Theologen zu einem „Par-force-Ritt zur Einheit“ antreiben und in ihren Thesen sogar „eine Kunstfigur theologischer Akrobatik“ (Internationale kath. Zeitschrift *Communio* 12 [1983] 573). Auch evangelische Theologen setzten ihre Fragezeichen hinter das Buch, andere katholische und evangelische Theologen stimmten begeistert zu.

Ein grundlegendes Problem im ökumenischen Dialog ist immer wieder die Bedeutung des „menschlichen Faktors“, zunächst grundlegend hinsichtlich des Erlösungsgeschehens, aber auch im weiteren Sinn in bezug auf die Rolle der sichtbaren Kirche, der Sakramente und des Amtes. In der katholischen Theologie betont man die im Menschen selbst Wirklichkeit werdende Gnade Gottes: der Mensch wird real geheiligt und erneuert. Nach protestantischem Verständnis ist der Mensch – auch nach der Taufe – im Blick auf sich selbst nach wie vor ein Sünder, allein im Blick auf Gott ist er gerecht. (Luther: Der Mensch ist *simul iustus et peccator* / zugleich

Gerechter und Sünder.) Weil man in der katholischen Kirche die Sünde nicht als das Wesen des Menschen radikal zerstörende Macht betrachtete und die innere Heiligung des Menschen durch die Gnade unterstrich, konnte man ganz allgemein allem Menschlichen, Zeichenhaften und Sichtbaren in der Kirche eine größere Bedeutung bei der Vermittlung des Heils, das Christus allein begründet, zusprechen, als dies nach lutherischem oder calvinistischem Bekenntnis geschah.
Nach katholischem Verständnis ist ein sichtbares Zeichen für die Identität der Kirche im Wechsel der Zeiten das Sakrament des Bischofsweihe – von den Aposteln an. Diese apostolisch-amtliche und konkret greifbare Kontinuität der Kirche in ihrer Geschichte – *die apostolische Sukzession* – ist nach klassischem katholischem Verständnis in den Kirchen der Reformation nicht gegeben. Nach katholischen Maßstäben ist darum die Ordination zum evangelischen Landesbischof nicht mit einer sakramentalen Bischofsweihe gleichzusetzen; Bischof ist hier nicht gleich Bischof.
Rahner schlägt vor, bei einer evangelischen Bischofsordination könnten mitweihende katholische Bischöfe das Manko bei der apostolischen Sukzession (zumindest für die Zukunft) beheben (Einigung, S. 137).
Man kann sich freilich denken, daß evangelische Christen mit diesem Vorschlag ihre Schwierigkeiten haben dürften. Entscheidend bleibt die Frage, was ein evangelischer Landesbischof ist. Die gegenseitige Anerkennung der Ämter setzt voraus, das man im Verständnis dessen, was einen Bischof oder Priester ausmacht, eine weitgehende Übereinstimmung gefunden hat. Die Übereinstimmung in der Ämterfrage hängt wiederum von der Übereinstimmung im Kirchen- und Gnadenverständnis ab, also auch wieder von einer Klärung der Frage, in welchem Sinn Gott den Menschen in Christi Werk der Erlösung einschließt.
Das Buch von Rahner und Fries erinnert daran, daß man sich mit der konfessionellen Spaltung der Christenheit niemals abfinden darf und in der Tat ein Vertagen der kirchlichen Einigung in eine irreale Zukunft dem Willen Jesu, daß alle Christen eins sein sollen, widerspricht (siehe S. 187).

„Sie meinen es ehrlich, sie sind ein anonymer Christ"

In die nachkonziliare Zeit fällt die gegenseitige Entfremdung von Karl Rahner und Hans Urs von Balthasar. Die Abgrenzung voneinander löste ein bislang noch nicht erläuterter Begriff Rahners aus: der des anonymen Christentums.
Rahner will mit Hilfe dieses Begriffs vom christlichen Standpunkt aus, ähnlich wie das Zweite Vatikanische Konzil (LG 16; zur Zitation vgl. Randnote S. 47), die Heilschance für Nichtchristen erklären. Für Rahner steht fest: Mit Christi Kreuz und Auferstehung ist der alle Menschen einschließende Heilswille Gottes konkrete, greifbare Wirklichkeit geworden. Nur durch Christus und einen Bezug zu ihm gibt es darum eine Chance, gerettet zu werden. Nach Rahner öffnen sich Nichtchristen diesem Heilswillen in einem Leben nach ihrem Gewissen, durch Anstrengungen für den Sieg des Guten, in der gelassenen Annahme des eigenen Schicksals, in einem möglicherweise kaum oder gar nicht reflektierten Dasein für Gott und den Nächsten. Alles Gute, das jemand – unbewußt kraft der Gnade Christi – tut, verbindet ihn in heilsbedeutsamer Weise mit Jesus. Von Jesus sagt die Schrift in Anspielung an Gottes gute, aber in Sünde gefallene Schöpfung: „Er hat alles [wieder] gut gemacht" (Mk 7,37). Wer sich wirklich für das Gute und seinen Nächsten engagiert, wird auch, ohne es bewußt zu tun, die Angriffe gegen das Gute und die Entfremdung des Menschen von Gott und Mitmensch in der Sünde mittragen. Er wird, ohne es zu wissen, in die Nachfolge des Gekreuzigten eintreten, der die Schuld der Welt trägt. Rahner bezeichnet einen solchen Nichtchristen als anonymen Christen.
Es dürfte klar geworden sein, daß Rahner mit dieser Begrifflichkeit weder alle Nichtchristen oder bewußten Atheisten zu Christen erklären möchte, noch den Wert eines ausdrücklichen Bekenntnisses zu dem dreieinen Gott zu unterminieren beabsichtigt.
Die Rede vom anonymen Christsein wurde und wird aber sehr oft falsch verstanden. In einem fingierten, mit beißender

Ironie gespickten Dialog zwischen einem kommunistischen Kommissar und einem Christen, der die Ideale der französischen Revolution feiert, hingegen dank der modernen Exegese vom historischen Jesus nichts mehr weiß, jedoch ganz und gar mündig geworden sein möchte, macht sich Balthasar über die anonyme Christlichkeit lustig, die der Christ dem Kommissar unterstellt. Der Christ zum Kommunisten: „Sie sind bei *uns* dabei! Ich weiß, wer Sie sind. Sie meinen es ehrlich, sie sind ein anonymer Christ. *Der Kommissar*: Nicht frech werden, Junge. Auch ich weiß jetzt genug." Der Kommissar stellt fest: „Ihr habt euch selbst liquidiert und erspart uns damit die Verfolgung. Abtreten" (Balthasar, Cordula, S. 112).

HANS URS VON BALTHASAR, *Cordula oder der Ernstfall*, (1966) 4. Aufl. 1987 (Kurztitel = **Balthasar, Cordula**).

Im zweiten Teil dieses Buches werden wir weitere Dissenspunkte zwischen Rahner und Balthasar kennenlernen (siehe S. 122–126, 153–158, 160–164, 174–180). Es ist schade, daß es nie zu einem klärenden Gespräch zwischen beiden kam.

„Ich habe kein Leben geführt …"

Unter all diesen Auseinandersetzungen um den richtigen Weg der Kirche nach dem Konzil und den unzähligen Beanspruchungen litt Rahners Gesundheit. Kuren und längere Ruhephasen wurden notwendig. Mit 70 Jahren gewöhnte er sich das Rauchen ab. Sein Blick lag ängstlich auf dem acht Jahre währenden Leiden seines Bruders Hugo, bis dieser ein paar Tage vor Weihnachten 1968 verstarb. Im Jahr, in dem der *Grundkurs des Glaubens* erschien, mußte Karl Rahner seine Mutter zu Grabe tragen. Auch andere Freunde ereilte der Tod.

Obgleich man Rahner durch Festschriften der Schüler, zahlreiche Ehrungen und Auszeichnungen von Universitäten, Staat und Kirche feierte, wurde es inmitten des Trubels stiller um ihn. Einladungen zu geistlichen Vorträgen begann er mitunter wissenschaftlichen Engagements vorzuziehen. Immer mehr wurde dabei Österreich zum Tätigkeitsfeld. Das Gemeinschaftsleben in der Münchener Jesuitenkommunität schien ihm, so Neufeld (S. 331 f.), nicht den erhofften geistigen Austausch zu bieten. Die gesuchte Nähe zu den Studenten fand er zunehmend nur mit Schwierigkeiten. Die Großstadt München schenkte Rahner immer weniger eine geistige und menschliche Heimat.

1981 siedelte er wieder nach Innsbruck um. Dennoch versank Rahner nicht in Altersmelancholie. Er suchte erneut den Kontakt zur Jugend und bemühte sich in dem Buch *Mein Problem. Karl Rahner antwortet jungen Menschen* (1982), Lösungsperspektiven für an ihn herangetragene Fragen zu erschließen. Seine Antworten umkreisen vor allem die Gottesfrage.

Bei all seinen Tätigkeiten läuft Rahner keiner selbstverliebten Lebensverwirklichung nach. Er merkt an: „Ich habe kein Leben geführt, ich habe gearbeitet, geschrieben, doziert, meine Pflicht zu tun und mein Brot zu verdienen versucht, ich habe in dieser üblichen Banalität versucht, Gott zu dienen, fertig" (Bekenntnisse, S. 58).

Fisch und Wuschel

Weil Rahner nicht nur Briefe an Jugendliche schrieb, sondern auch an die Schriftstellerin Luise Rinser, kam er zehn Jahre nach seinem Tod „ins Gerede". Seine Gegner und Kritiker mögen es immer schon gewußt haben, daß zuviel Liberalität und Kirchenkritik irgendwann die eigene priesterliche Identität aushöhlt, so daß in diesen Hohlraum nur zu leicht eine Beziehung eindringen kann, die die Treue zu den Ordensgelübden in Frage zu stellen beginnt. Über 1800 Briefe beansprucht Luise Rinser von Karl Rahner zu besitzen. An manchen Tagen muß er gleich mehrere Briefe verfaßt haben. Deren Publikation hat der Orden verboten. Diese „Verschlußsache Rahner" gab Anlaß zu weiteren Spekulationen.

1994 veröffentlichte Luise Rinser einen Teil der Briefe an ihn unter dem Buchtitel *Gratwanderung*. Diese Briefe, von ihr mit „Dein Wuschel" unterzeichnet, zeugen von Liebe, einem Ringen um Mystik, Glauben, Theologie, Kirche und um die Gestaltung des Verhältnisses zwischen beiden – um das Gelingen dieser „Gratwanderung", deren Gefährlichkeit anderen nicht verborgen blieb: Die Mutter Rahners bat Luise Rinser einmal um die nötige Distanz, die Ordensleitung ihrerseits Rahner.

Im Alter von 58 Jahren hatte er die 51jährige Luise Rinser kennengelernt. Sie wollte ihn treffen, um seinen Rat wegen eines Buchvorhabens einzuholen. Nach ihren Angaben war es der Moraltheologe Egenter, der sie fragte, ob sie nicht ein Buch über die spezifische Askese der Frau schreiben könne. Sie fand in ihrer Bibliothek Rahners Buch *Askese und Mystik* und bat deshalb um ein Gespräch über das Thema – und zwar als „von der Theologie verstörte" Katholikin, für die

nach eigenem Bekunden das Ideal der Jungfräulichkeit unter dem massiven Verdacht des Hochmuts steht und die befürchtet, daß man einen ihrer Söhne, der von 1959 bis 1961 im römischen Germanicum dem Priesterberuf entgegenstrebte (sich jedoch nicht weihen ließ), zum Hochmut erziehen werde (Gratwanderung, S. 16).
Bereits in dem ersten Gespräch am 27. Februar 1962 berichtete Rinser offenbar von ihrem Verhältnis zu einem anderen Ordensmann, den sie stets mit „M. A." bezeichnet. Rahner habe später darunter gelitten, nicht in einer exklusiven Freundschaft mit ihr zu stehen und zu wissen, daß der andere ihr mehr bedeutet. Am Dogmatiker Rahner, den sie, weil im Sternzeichen der Fische geboren, mit „Fisch" anredet, fasziniert sie die offene, „undogmatische" Art, die Raum für Skepsis lasse, seine intellektuelle Brillanz, seine spürbare Ergriffenheit vom unendlichen Geheimnis Gottes – Gebetstexte durchziehen die Briefe. „Mit Rahner verband mich eine tiefe treue Freundschaft, bis zu seinem Tod. Buchstäblich bis zu seinem Tod, denn ich hörte seine Stimme durchs Telefon wenige Stunden vor seinem Heimgang" (Gratwanderung, S. 11).
Es liegt natürlich jetzt nahe, Autobiographisches in Rinsers Romanen *Mirjam* (1983) über Maria Magdalenas Liebe zu Jesus und in *Abaelards Liebe* (1991) über die ebenfalls durch Briefe dokumentierte Liebesbeziehung zwischen dem Philosophen und Theologen Peter Abaelard (1079–1142) und der späteren Ordensfrau Héloïse (1100–1164) entdecken zu wollen.
Zu fragen wäre freilich auch, ob und inwieweit Rinsers Fragen, Glaubenskrisen, mystische Rückwege zu Gott (als einem eher apersonal verstandenen Geist) und ihre scharfe Kirchenkritik Rahners Theologie mit beeinflußt haben: „... Ratzinger und der Urs von Balthasar haben Dich wieder angegriffen. Strecke ihnen die Zunge raus ..." (Gratwanderung, S. 417). Andererseits ist klar, daß es nicht darum gehen kann, in ihr nun die Femme fatale zu sehen, die Rahner zum „zornigen alten Mann" in der Kirche machte.

„... in Würdigung seines unermüdlichen wissenschaftlichen Wirkens ...“

Den 80. Geburtstag Rahners feierte man am 11. und 12. Februar 1984 in der Katholischen Akademie der Erzdiözese Freiburg. Im Blick auf Rahners Anthropologie, auf seine Auffassung vom Menschen, stellte man die Tagung unter das Leitwort *Vor dem Geheimnis Gottes den Menschen verstehen.* Die Veranstaltung sollte nach Karl Lehmann nicht einfach nur Rahner hochleben lassen, sondern die verschiedenen Dimensionen seiner Theologie würdigen. Rahner selbst sprach über die Erfahrungen eines Theologen, vor allem über die Erfahrung des unbegreiflichen Gottes.

Die Veranstaltung ist dokumentiert in: Karl Lehmann (Hrsg.), ***Vor dem Geheimnis Gottes den Menschen verstehen.*** *Karl Rahner zum 80. Geburtstag.* 1984.

Am 17. Februar weilte er in London. Wiederum würdigte man seinen anthropologischen Zugang zur Theologie. Es folgte eine Akademietagung in Budapest zum christlich-marxistischen Dialog. Sie wurde Rahners letzter akademischer Auftritt in der Öffentlichkeit.

Mit dem Datum vom 22. Februar erhält Rahner von Papst Johannes Paul II. einen Segenswunsch zum Geburtstag: „... in Ehrerbietung und Würdigung seines unermüdlichen wissenschaftlichen Wirkens ...“ (Imhof, S. 140).

Zu dieser Zeit erreichte Rahners Gesamtbibliographie, einschließlich der zahlreichen Übersetzungen, 4000 Nummern (Lehmann, Einführung S. 7).

Karl Lehmann, *Einführung*, in: *Vor dem Geheimnis Gottes den Menschen verstehen*, S. 6–9 (Kurztitel = **Lehmann, Einführung**).

Den eigentlichen Geburtstag am 5. März feierte man in Innsbruck unter den Mitbrüdern. Die Theologische Fakultät, die Stadt Innsbruck und das Land Tirol ehrten ihn. Man stiftete den Karl-Rahner-Preis, der der Förderung des wissenschaftlichen Nachwuchses dienen soll.

Nach dieser Zeit des Jubels und der Freude kam für Rahner schnell die Zeit des endgültigen Abschieds. Zuerst stellten sich Kreislaufprobleme, Atemnot und Nasenbluten ein. Ab dem 9. März verbrachte er drei Wochen im Sanatorium der Kreuzschwestern in Hoch-Rum bei Innsbruck. Während dieser Zeit diktierte er seiner Sekretärin, Frau Elfriede Oeggl, einen Brief an die Bischöfe Perus, in dem er um Verständnis für das Anliegen des Befreiungstheologen Gustavo Gutiérrez warb. Neben anderen Briefen folgte noch am 27. März ein Schreiben, in dem er sich für die Feierlichkeiten zum 80. Geburtstag bedankt. In diesem Dankesschreiben meint er, aus dem Sanatorium „frühestens in ein paar Wochen wieder" herauszukommen (Imhof, S. 143).

Doch Rahners Zustand verschlechterte sich. Am 29. März entschied man, ihn nach Innsbruck in die Universitätsklinik zu bringen. Einen Tag später verlegte man ihn auf die Intensivstation. Seine Sekretärin erinnert sich: „Mit Infusionen versorgt, an ein Blutdruckmeßgerät angeschlossen, lag er, leicht zur Seite gewendet, seltsam klein, schwach und erschöpft, nahe beim Fenster ... Die Unruhe der letzten Tage, Wochen schien von ihm abgefallen ... Die Stunden rannen dahin. Manchmal fragte ich ihn, ob er Schmerzen habe, mit einer schwachen Kopfbewegung oder flüsternder Stimme verneinte er dies. Voll Sorge bemerkte ich, daß die Werte auf den Apparaten immer niedriger wurden."

Rahner erhielt die Krankensalbung, die Wegzehrung. Der Rektor des Jesuitenkollegs, Pater Josef Müllner, kam und betete mit Karl Rahner. Später löste Pater Walter Kern den Rektor ab. Gegen 22 Uhr kam noch eine Frau ins Krankenzimmer, die Rahner über viele Jahre versorgt hatte. Eine Krankenschwester meinte plötzlich, jetzt werde er nicht mehr lange leben. Elfriede Oeggl: „Ich wollte es nicht glauben, denn es war überhaupt keine Veränderung zu bemerken ... Doch wie recht sie hatte! Er atmet nicht mehr, sagte ich voller Schrecken. Ja, er ist gestorben. Wir sahen auf die Uhr, es war 23.26 Uhr, der 30. März 1984" (Imhof, S. 162 f.).

Das Requiem am 4. April zelebrierte in der Innsbrucker Jesuitenkirche ein Schüler Rahners, der Innsbrucker Bischof Reinhold Stecher. Der Provinzial der Oberdeutschen Provinz hielt die Predigt. Der Bischof von Mainz, Karl Lehmann, leitete die Beisetzung in der Krypta unter Anwesenheit der Kardinäle Volk und Wetter und anderer Bischöfe.

KARL RAHNER, *Erfahrungen eines katholischen Theologen*, in: Karl Lehmann (Hrsg.), *Vor dem Geheimnis Gottes den Menschen verstehen. Karl Rahner zum 80. Geburtstag*, 1984, S. 105–119.

Sechs Wochen vor seinem Tod, während der Akademieveranstaltung in Freiburg zur Feier seines 80. Geburtstags, hatte Rahner in seiner Rede über die Schwierigkeit nachgedacht, Treffendes über das ewige Leben zu formulieren, ebenso hatte er sich gefragt, in welcher Haltung Tod und ewiges Leben zu erwarten seien. Er sprach von dem „ungeheuren Schrecken eines unsagbaren Jubels“, in dem sich zeige, „daß diese ungeheure schweigende Leere, die wir als Tod empfinden, in Wahrheit erfüllt ist von dem Urgeheimnis, das wir Gott nennen“. In der Gemeinschaft mit diesem Gott werde der Mensch vollendet, der seinerseits durch seine Freiheitstaten dem eigenen Leben diese und keine andere Gestalt gegeben hat. „80 Jahre sind eine lange Zeit. Für jeden aber ist die Lebenszeit, die ihm zugemessen ist, der kurze Augenblick, in dem wird, was sein soll.“

II. Ein Grundkurs des Glaubens

Die Frage nach der Herkunft: philosophisch

Die Biographie Rahners in Teil I. leuchtete zuerst seine familiäre Herkunft aus. Denn in der Tat gibt die Herkunft eines Menschen bereits eine erste Auskunft über ihn. Nicht zufällig fragt man einen Unbekannten, woher er komme. Für einen Theologen wie Rahner bekundet sich aber in der ganz gewöhnlichen Frage nach der Herkunft eines Menschen etwas Tieferes, ebenso in der Antwort, die man gibt.

Als Einstieg in das Denken Rahners eignet sich die Herkunftsfrage in ihrer philosophisch-theologischen Hinsicht. Anschließend ist die Herkunft des Rahnerschen Denkens in geschichtlicher Perspektive zu erläutern. Der erwähnte *Grundkurs des Glaubens* dient sodann als Leitfaden bei der Darstellung zentraler Themen seiner Theologie.

Wer andere nach ihrer Herkunft fragt, der nimmt dabei ein Wissen in Anspruch, das diese Frage erst ermöglicht und sinnvoll macht. Er weiß nämlich, daß jeder Mensch ein *Wovonher* hat: ein Elternhaus, ein Land, eine Sprache usw., und er bestätigt damit, daß der Mensch – so der Titel von Rahners philosophischer Doktorarbeit – ein *Geist in Welt* ist und ohne dieses *In-der-Welt-sein* niemals er selbst sein kann. Zu diesem In-der-Welt-sein – ein Begriff, den Rahner von Heidegger übernimmt – gehört das Mit-Sein. Stets bin ich *mit* anderen.

Die Herkunftsfrage, das In-der-Welt-sein und Mit-Sein führt uns vor Augen, daß wir endliche, begrenzte Menschen sind, daß wir uns nicht durch uns selbst haben.

Das Jenseits der Grenze

Um jedoch Begrenztheit, Endlichkeit zu erkennen, davon ist Rahner überzeugt, muß man die Grenze des Endlichen ins Unbegrenzte und Unendliche überschreiten (Werke 4, S. 94 ff).

Das Gemeinte kann man sich an einem Beispiel verdeutlichen. Weiß man um eine Landesgrenze, so weiß man ebenso, daß hinter dieser Grenze noch etwas kommen muß, ein anderes Land; ohne dieses Jenseits der Grenze gäbe es die Grenze nicht. Will man das Endliche als solches, also in seiner Gesamtheit betrachten – und nicht nur einzelne endliche Gegenstände –, so muß man in ähnlicher Weise um die Grenzen des Endlichen wissen. Jenseits der Grenze des Endlichen ist das Unendliche und Unbegrenzte.

Die Frage nach der Herkunft, die ein Wissen um die Endlichkeit des Menschen und seiner Welt einschließt, zielt also indirekt auf etwas wesentlich Unbegrenztes. Man könnte auch sagen: Die Herkunftsfrage kommt erst dann zur Ruhe, wenn man nach etwas fragt, das nicht mehr weiter hinterfragbar ist, hinter dem nicht wieder etwas steht, das man erfragen könnte. Dieses nicht mehr weiter Hinterfragbare ist das Unendliche, Unbegrenzte – das Absolute. Demgegenüber bleibt alles Endliche hinterfragbar.

Man spürt: Die Frage nach der Herkunft eines Menschen spitzt sich zu zur philosophischen Frage nach Gott. Er ist der Inbegriff des Unendlichen, Unbegrenzten und Absoluten; er ist nicht mehr weiter hinterfragbar. Gott hat keine Herkunft, keinen Grund, in dem er wiederum gründen würde. Streng-genommen lautet die Antwort auf die Frage, woher man komme: von Gott. Das sagt man natürlich nicht, aber es wäre eigentlich die letzte und entscheidende Antwort, die keine Fragen mehr offen läßt.

Das Jenseits als Nichts oder bloße Idee?

Rahner weiß, daß man jetzt natürlich einwenden könnte: Das Unbegrenzte, Unhinterfragbare, das sich da enthüllt als Voraussetzung dafür, überhaupt etwas Begrenztes und Erfragbares erkennen zu können, könnte ja auch einfach die bloße Negation des Begrenzten und Erfragbaren darstellen (Werke 4,

Kurzitel **Werke 4** = Bd. 4 von KARL RAHNER, *Sämtliche Werke*, 1995 ff.; kritische Neuausgabe unter der Leitung von Karl Lehmann u. a.

S. 96ff.). Vielleicht ist das Unendliche, das uns das Endliche als solches erkennen läßt, nichts anderes als die Negation aller Endlichkeit, also nur das Nichts.

Rahner nennt seinen Freiburger Lehrer Martin Heidegger, der den Menschen als geradezu hineingeworfen in das Nichts versteht. In der Erfahrung der Angst erfahre der Mensch, daß alles um ihn versinkt, keinen Halt mehr bietet, die Nacht des Nichts alles zu verschlingen droht. Jedoch durch dieses Gewahren des Nichts und das Versinken der Welt werde offenkundig, daß der Mensch zu allem in einer Distanz steht und nur deshalb zu allem und zu sich selbst ein freies Verhältnis gewinnt. Hineingehalten in das Nichts entdecke der Mensch erst, daß etwas wahrhaft ist und nicht vielmehr nur nichts ist.

Siehe MARTIN HEIDEGGER, *Wegmarken*, Gesamtausgabe, Bd. 9, 2. Aufl. 1978, S. 112–118.

Rahner setzt sich mit dieser Konzeption und anderen Einwänden gegen seine Überlegung auseinander. Er macht klar, daß das Fragen nach allem, das Fragen nach der nicht mehr hinterfragbaren Herkunft von allem, seinen Sinn einbüßen würde, verlöre sich das Ziel des Fragens im leeren Nichts. Die Frage bleibt in ihrer Dynamik nur sinnvoll, wenn sie auf *Etwas* zielt, auf etwas Sinnvolles, Erkennbares und Erhellendes. Etwas Sinnvolles ist das Nichts jedoch nicht; es ist gerade kein etwas, nichts Erhellendes; es ist die radikale Abwesenheit jeden Sinns, die unauslotbare Nacht, in der sich jedes Fragen für immer verliert. Die Sinnerschließung, die Heidegger dem Nichts zuschreibt, scheint deshalb nur dann vom Nichts auch geleistet zu werden, wenn in ihm doch mehr aufgeht, als allein die Negation des Endlichen. Es sieht so aus, als ob Heidegger dies zumindest andeutet, wenn er zu einem späteren Zeitpunkt (1943) das Nichts den Schleier des Seins nennt (Heidegger, Wegmarken, S. 310).

Nochmals: Weil schon die Frage nach der Herkunft eines Menschen Sinn hat, weil die Angaben zum Geburtsdatum, Elternhaus etc. erhellend sind, müssen auch alle Voraussetzungen dieser Frage sinnvoll sein; sie können gerade nicht bloß nichts sein. Also ist auch das Letzte, nicht mehr Hinterfragbare der Herkunftsfrage etwas Sinnvolles, ja Reales – weil auch die Frage etwas Reales ist. Diese Argumentationsfigur durchzieht in verschiedensten Abwandlungen Rahners Denken. Die Frage nach der letzten, absoluten Herkunft von allem gehört zu den Voraussetzungen der gewöhnlichen Frage „Woher kommst du, stammst du?“. Deshalb kann das Jenseits des Endlichen und Begrenzten nicht einfach die bloße Verneinung des Endlichen darstellen oder etwas Sinnloses bezeichnen. Das Jenseits des Endlichen muß als sinnhafte und erhellende, allem Fragen haltgebende Realität des Unendlichen begriffen werden. Diese sinnspendende Realität des Unendlichen, das letzte Wovonher von Welt und Mensch nennt Rahner im Blick auf das Christentum das alles übersteigende und zugleich begründende *absolute Geheimnis* – Rahners bevorzugte Gottesbezeichnung.

Rahner zeigt weiterhin, daß sich der Mensch nicht in seiner Endlichkeit zu verschließen vermag und immer letzte Fragen stellen muß, die den Horizont des Unendlichen voraussetzen. So macht er deutlich, daß selbst noch jedes Sicheinigeln im Bereich des Endlichen ein Wissen um das Unendliche bestätigt. In einem Gebet erwägt Rahner diese Un-Möglichkeit, sich dem unendlichen Gott zu verschließen: „Ja, selbst wenn ich mich mit dem bescheiden wollte, was heute so manche als den Sinn ihres Lebens verkünden, wenn ich trotzig entschlossen meine Endlichkeit erkennen und mich zu ihr allein bekennen wollte, ich könnte diese Endlichkeit nur darum wachen Geistes erkennen, nur darum als mein einziges Schicksal auf mich nehmen, weil ich immer schon zuvor hinausgeblickt habe in grenzenlose Fernen, an deren verschwimmenden Horizonten die Unendlichkeiten deines Lebens beginnen“ (Worte, S. 15).

Demnach führt sogar noch die Weigerung, die eigene Endlichkeit auf Gott hin zu öffnen, zu einer indirekten Bestätigung der Unbegrenztheit Gottes, die alles Endliche umgreift. So ist es auch unmöglich, das Unendliche nur als eine Idee oder als ein bloßes Produkt unserer Vernunft zu betrachten. Denn eine bloße Gottesidee ist wiederum nur etwas Endliches, Begrenztes, Vorletztes, weil getrennt von der Realität.

Eine bloße Gottesidee ist also wieder hinterfragbar und kann darum nicht die letzte Bedingung des Fragens sein. Weil der Mensch geradezu als Frage nach sich und allem existiert, muß auch immer als Realität angenommen werden, was dieses „Existieren des Menschen als Frage“ notwendigerweise voraussetzt: ein real existierendes Absolut-Letztes. Es mag vielleicht verblüffen oder dem Nichtglaubenden verärgern, aber Rahner demonstriert – ähnlich wie schon Anselm von Canterbury (1033/34–1109) –, daß man die Nichtexistenz Gottes gar nicht widerspruchsfrei zu denken vermag.
Die einzige wirklich atheistische Alternative besteht für Rahner allein darin, daß sich der Mensch von seinem Menschsein verabschiedet und „zum findigen Tier“ zurückkreuzt. Als intelligentes Tier würde der Mensch die Frage nach seiner letzten Herkunft nicht mehr stellen; ein Aufbruch in die Sphäre des Unendlichen unterbliebe (Grundkurs, S. 58).

Die transzendentale Methode - und Kant

Am Beispiel der Herkunftsfrage wird Rahners Methode ersichtlich. Er reflektiert eine geistige Tätigkeit des Menschen auf ihre Voraussetzungen hin, die genauso real, erkennbar und sinnvoll sein müssen wie der Tatbestand, von dem die Überlegung ihren Ausgang nimmt. Diese Methode, die die Voraussetzungen einer geistigen Tat des Menschen erhellt, bezeichnet Rahner in Anlehnung an den Philosophen Immanuel Kant (1724–1804) als *transzendentale Methode.* Man überschreitet (tran-scendens = überschreitend) das Vorliegende auf seine Bedingungen hin, die es möglich machen; man erschließt die transzendentalen Bedingungen der Möglichkeit eines geistigen Vollzugs, etwa der Frage nach der Herkunft. Diese transzendentale Methode oder dieser transzendentale Ansatz gilt zu Recht als Rahners Markenzeichen.
Das unmittelbar Vorliegende, das Konkrete und Gegenständliche, einzelne Erkenntnis- und Willensakte, bestimmte Fragen oder Antworten nennt Rahner oft das Kategoriale, dessen tran-

szendentale Bedingungen er zu erfassen versucht. Ein Beispiel für eine kategoriale Frage ist die Frage nach der familiären Herkunft eines Menschen. Als nicht mehr zu übersteigende, *transzendentale* Möglichkeitsbedingung dieser kategorialen Frage ergab sich der real existierende, unendliche, grenzenlose Gott. Durch transzendentale Reflexion erreicht Rahner also den *transzendenten*, d. h. den alles endliche überschreitenden Gott. Den Menschen definiert Rahner als Wesen der Transzendenz.
Es sei an dieser Stelle noch angemerkt: In der scholastisch-mittelalterlichen Philosophie unterschied man die Bedeutung der Begriffe *transzendental* und *transzendent* noch nicht. So bezeichnete man mit *transzendent* oder *transzendental* Gottes Wirklichkeit, weil sie alles andere *überschreitet*. Aber auch allgemeine Eigenschaften, die über konkrete Charakterisierungen einer Art- oder Gattung *hinausgehen*, nannte man *Transzendentalien*: das Eine, Wahre, Gute und Schöne. Kant prägte demgegenüber den neuen Begriff von *transzendental*: Der Begriff bezieht sich auf die Analyse der Voraussetzungen des Erkennens und bezeichnet ebenso diese Voraussetzungen – die Bedingungen der Möglichkeit einer Erkenntnis – selbst.

Die Frage nach der Herkunft: historisch

Hinter Rahners transzendentalem Ansatz steht also das transzendentale Denken Immanuel Kants. Da dessen Transzendentalphilosophie einen markanten Einschnitt in der Geistesgeschichte darstellt, setzt sich Rahner mit ihr auseinander.

IMMANUEL KANT, ***Kritik der reinen Vernunft*** *B* [= 2. Ausgabe von 1787] Werke in zehn Bänden, hrsg. v. W. Weischedel, Auflage 1975, Bd. 3 u. 4.

In seinem Werk *Kritik der reinen Vernunft* (1781/87) analysiert Kant die angesprochenen *transzendentalen Bedingungen der Möglichkeit* menschlichen Erkennens (B 25). Im Unterschied zu ähnlichen Untersuchungen in der Philosophiegeschichte kommt Kant aber zu dem Ergebnis, daß der zu erkennende Gegenstand fast vollständig durch das erkennende Subjekt strukturiert und geformt wird. So versteht Kant Raum und Zeit als subjektive Formen, die zuerst das von den Sinnen stammende „Material" räumlich und zeitlich strukturiert. Die Frage, ob die Dinge auch für sich selbst räumlich und zeitlich sind, muß nach Kant offen bleiben. Er spricht davon, daß das *Ding-an-sich* unerkennbar sei. Außer den Anschauungsformen *Raum* und *Zeit* entwickelt Kant zwölf Kategorien des *Verstandes* (z. B. Einheit, Beziehung zu anderem, Substanz, Kausalität). Durch das Zusammenspiel dieser Kategorien mit dem räumlich und zeitlich strukturierten Sinnenmaterial komme Erkenntnis zustande. Die Kategorie der Substanz kommt beispielsweise zur Anwendung, wenn etwas in der Zeit zu beharren scheint; dann erkennt man etwas Substantielles. Mittels der Kausalkategorie läßt sich die Abfolge und Abhängigkeit bestimmter Erscheinungen voneinander festhalten (Kritik der reinen Vernunft B 183–185).

Diese transzendentalen Formen des Subjekts sind nach Kant *apriorisch*, weil sie der sinnlichen Erfahrung vorausgehen und unabhängig von ihr gelten. Würde die Kategorie der

Kausalität nur *a posteriori*, d. h. durch die Erfahrung ermittelt, so bliebe unsicher, ob das Kausalgesetz immer und überall gilt. Denn vielleicht gibt es irgendwo, irgendwann einmal einen Fall, der dem Kausalgesetz widerspricht. David Hume (1711–1776) versuchte daher zu zeigen, daß wir nur einer eingefahrenen Gewohnheit folgen, wenn wir eine Aussage über ein Ursacheverhältnis machen. Kant wollte den Empirismus und Relativismus Humes überwinden und demonstrierte deshalb, daß das Kausalgesetz unabhängig von der Erfahrung seine Gültigkeit hat. Von der erfahrungsunabhängigen Gültigkeit des Kausalgesetzes, anderer Prinzipien, Kategorien und Erkenntnisse waren die sogenannten Rationalisten ausgegangen, zu denen Kants philosophische Lehrer gehörten; in deren Bahnen dachte zunächst auch Kant. Durch Humes Empirismus fühlte sich Kant jedoch aus seinem „dogmatischen Schlummer" geweckt: erfahrungsunabhängige Erkenntnisse, abgeleitet aus bloßen abstrakten Begriffen schienen ihm keine wirklichen neuen Erkenntnis darzustellen; die Begriffe der Rationalisten wirken merkwürdig leer. Darum beabsichtigte er, die gegensätzlichen Positionen des Empirismus und Rationalismus miteinander zu verbinden. So schränkt er die Anwendbarkeit der Verstandeskategorien auf die sinnliche Erscheinung ein.

Unter **Empirismus** versteht man eine philosophische Erkenntnistheorie, die alle Erkenntnisse unmittelbar aus dem ableiten will, was in der (sinnlichen) Erfahrung gegeben ist.

Mit Hilfe der Kategorie *Kausalität* ist darum eine über die Sinne hinausgehende wissenschaftliche Erkenntnis Gottes als Grund und Ursache der Welt nicht zu erreichen. Eine *transzendente* Erkenntnis nennt Kant eine daher „überfliegende" Erkenntnis; sie verläßt den Bereich der sinnlichen Erfahrung und stellt so nur eine Scheinerkenntnis dar. Eine philosophische, aber auch eine in der Offenbarung Gottes gründende Theologie als Wissenschaft ist daher unmöglich.

Über die Kategorien des Verstandes hinaus führen nach Kant die *drei Ideen der Vernunft*: Welt, Seele, Gott. Die Vernunft leitet nämlich dazu an, die Vielheit der einzelnen Verstandeserkenntnisse auf letzte Einheiten zu beziehen, die nicht mehr überstiegen werden können: auf Ideen. Bedingtes muß stets auf etwas anderes Bedingtes zurückgeführt werden, so daß man mit dem Erkennen erst dann an Ende kommt, wenn man etwas Unbedingtes erreicht: eine Idee. Diese Argumentation ist uns schon durch das Beispiel der Herkunftsfrage bekannt. Das letzte Unbedingte nennt Kant die Idee von Gott. Aber es handelt sich dabei eben nur um eine Idee der menschlichen Vernunft. Die Vernunft *muß* diese Idee des absolut Unbedingten bilden, um dem Erkennen in seinem Fortschreiten von einem Bedingten zum nächsten eine Richtung zu geben, nämlich das jeweils weniger Bedingte und jeweils höher Stehende zu erkennen. Aber aus dieser Notwendigkeit, das Unbedingte denken zu müssen, folgt nicht die Erkenntnis, daß Gott auch notwendigerweise existiert. Für eine derartige Erkenntnis fehlt die sinnliche Erfahrung. Auch die Idee der „Seele" und der „Welt" versteht Kant nur als Leitgrößen des Unbedingten für die Zusammenfügung (Synthese) der vielen Einzelerkenntnisse im räumlichen und zeitlichen Kontext sowie der inneren psychischen Selbstwahrnehmungen des Menschen. Die Seele als solche bleibt wie die Welt im ganzen unerkennbar, da eine entsprechende umfassende sinnliche Wahrnehmung fehlt. Nicht nur die Theologie ist darum als Wissenschaft unmöglich, sondern ebenso eine metaphysische Psychologie (Anthropologie) und Kosmologie. Gott, Seele, Welt galten immer als die drei großen Themen der speziellen Metaphysik.

Kant bemühte sich jedoch (in der *Kritik der praktischen Vernunft* [1788] und in seiner Religionsphilosophie *Die Religion innerhalb der Grenzen der bloßen Vernunft* [1793/94]), Gottes Existenz als ein Postulat, d. h. als eine Forderung der Sittlichkeit zu erhärten: Nur Gottes Wirklichkeit kann die Garantie dafür sein, daß die erlittenen Nachteile ausgeglichen werden, die ein Leben nach sittlichen Regeln zwangsläufig mit sich bringt. Denn die Natur, in die der Mensch verstrickt ist, gehorcht nicht den Gesetzen der Moral; sie folgt ihren eigenen Gesetzen. Deshalb kann es für den Menschen zu unangenehmen und leidvollen Konflikten zwischen beiden Gesetzmäßigkeiten kommen. Gottes Existenz ist darum anzunehmen, damit eine Macht gedacht werden kann, die Herr beider Gesetzmäßigkeiten ist, und es deshalb zu ermöglichen vermag, daß im Jenseits endlich Wohlergehen und sittlich gelebtes Leben eine harmonische Einheit bilden. Aber auch bei diesem postulierten Dasein Gottes um der Harmonie von Wohlergehen und sittlichem Leben willen geht es nicht um eine wirkliche Gotteserkenntnis; es handelt sich eben nur um eine Annahme aufgrund bestimmter Voraussetzungen. Zudem müßte der Mensch auch dem moralischen Gesetz folgen, wenn es keinen Gott gäbe, der ein jenseitiges Wohlergehen garantiert. Hinge die Gültigkeit des sittlichen Gesetzes von der Existenz Gottes ab, wäre Kant zufolge die im Menschen allein gründende Autonomie des Sittengesetzes zerstört. Erneut wird deutlich: nach der Philosophie Kants ist Theologie als Wissenschaft ein Unding.

Mit Kant über Kant hinaus

Die auch in der Gegenwart geäußerten Zweifel am wissenschaftlichen Charakter der Theologie sowie die immer wieder laut werdende allgemeine Skepsis gegenüber der Fähigkeit des Verstandes, *Unsichtbares*, *Unbedingtes* im Bereich des Endlichen zu erkennen, gründen – wenngleich nicht ausschließlich – in der Philosophie Kants. Kants Moralphilosophie, die Gottes Dasein postulierte, konnte daran nichts ändern. Deshalb fühlt sich Rahner durch Kants Philosophie herausgefordert. Er versucht in die Stärken dieser Philosophie einzutauchen und deren Stärken sich zu Nutzen zu machen, um so mit Kant über ihn hinauszugehen: in einen Bereich, in dem eine Erkenntnis Gottes wieder möglich ist: das *transzendentale* Denken soll zur Erkenntnis des *transzendenten* Gottes führen.
Durch Kants Philosophie, aber auch schon vorher durch das Denken René Descartes' (1596–1650) und dessen Analyse der menschlichen Erkenntnisfähigkeit, kam es zu einer *anthropologischen Wende* in der Philosophie der Neuzeit.

Viele maßgebliche Philosophen setzen mit der Analyse des Menschen (griech. anthropos), insbesondere mit der Analyse des Erkennens an. Rahner vollzieht diese anthropologische und erkenntnistheoretische Wende mit. Vom Menschen und vom menschlichen Erkennen her soll Gottes Wirklichkeit in den Blick kommen. Zu einer Funktion an der Selbstverwirklichung des Menschen will Rahner Gott deshalb jedoch keinesfalls herabsetzen (Glaube, S. 61 f.).
Um mit Kant über Kant hinauszukommen, greift Rahner auf Überlegungen des lutherischen Philosophen Georg Wilhelm Friedrich Hegel (1770–1831) zurück, vor allem aber auf das Werk eines Mitbruders. Rahner berichtet, daß er im dritten Jahr des Philosophiestudiums insbesondere das fünfte Buch von Joseph Maréchal (1878–1944) *Le point de départ de la métaphysique* (Der Ausgangspunkt der Metaphysik) verschlungen und davon lange Exzerpte angefertigt habe (Glaube, S. 51).
Es ist nicht ganz geklärt, wie Rahner dieses gerade veröffentlichte Werk Maréchals in die Hände bekam. Offenbar haben ihn seine Philosophiedozenten trotz ihrer Orientierung an einer bestimmten Deutung des mittelalterlichen Denkens (= Schulthomismus, siehe S. 85 ff.) auf neue geistige Strömungen aufmerksam gemacht. Rahner nennt den Philosophiehistoriker Bernhard Jansen (1877–1942), der ihn auf Kant, Hegel, Maréchal, Heidegger hinwies, obgleich Jansen dem Denken Maréchals recht kritisch gegenüberstand (Glaube, S. 54).
Der in Löwen dozierende Jesuit und Philosoph Joseph Maréchal bemühte sich um eine Verbindung der Philosophie Kants mit dem Denken des Thomas von Aquin (1225–1274). Durch eine transzendentale Analyse der Voraussetzungen des menschlichen Sprechens, Behauptens und Urteilens – also durch Analyse der Praxis unserer geistigen Tätigkeiten – zeigt er, daß wir stets in Form einer unbedingten Setzung eine Aussage treffen: „Das ist so“ oder „Dies ist ein X“. Derartige Sätze sollen unbedingt wahr sein; wir formulieren sie daher im Bezug auf etwas Unbedingtes: die Wahrheit. Auch die Negation aller Wahrheit setzt die Wahrheit voraus. Denn der Satz „Es gibt keine Wahrheit“ soll gerade wieder wahr sein. Also

spricht der Mensch auch dann, wenn er alles in Zweifel zieht, immer mit dem Anspruch auf unbedingte Wahrheit. Insofern zeigt sich Unbedingtes (Absolutes) im menschlichen Erkennen und Behaupten. Wenn aber menschliches Erkennen, Urteilen und Reden Unbedingtes voraussetzt, so muß dieses Unbedingte und die Wahrheit selbst genauso real und erkennbar sein, wie das Erkennen, Urteilen und Sprechen real und erkennbar ist. Von dieser Einsicht in den Zusammenhang zwischen einem realem Faktum, d.h. einer praktischen Setzung im Erkennen und Urteilen, und den nicht minder realen und erkennbaren Bedingungen der Praxis unseres Erkennens und Urteilens lebt Maréchals Philosophie. In diesem Sinn versucht auch Rahner, Gott als reale unbedingte Letztbedingung des menschlichen Erkennens transzendental auszuweisen.

Auch vom Begriff des Absoluten her ergibt sich die Möglichkeit der Gotteserkenntnis. Diesen Gedanken entwickelt Georg Wilhelm Friedrich Hegel. Er betrachtet es als widersprüchliche Konstruktion, dem Absoluten und Unbedingten dadurch eine unüberwindbare Grenze zu ziehen, daß man das menschliche Erkennen – wie Kant – auf die sinnlich vermittelte Erfahrung einschränkt und damit bestreitet, daß sich das Absolute auch dem menschlichen Erkennen zu erkennen geben kann. Eine derartige Einschränkung des Absoluten widerspreche jedoch der Absolutheit des Absoluten. Das nach Kant notwendigerweise zu *denkende* Absolute muß auch prinzipiell *erkennbar* sein.

Rahner macht in ähnlicher Weise deutlich, daß Gott als absolutes Geheimnis im Endlichen keine unüberwindliche Grenze hat oder durch einen unüberwindlichen Unterschied vom Endlichen getrennt ist. Zur Absolutheit Gottes gehöre es zwar einerseits, daß sich Gott vom Endlichen unterscheidet, ja daß Gott selbst der Unterschied zum Endlichen ist (Grundkurs, S. 71). Andererseits richte dieser von Gott her kommende Unterschied gegenüber dem Endlichen nicht wiederum gegen Gott eine Grenze auf, die Gott selber nicht mehr überschreiten könnte. Eine Eingrenzung der göttlichen Macht vom Endlichen aus oder durch den Unterschied „zwischen" Gott und Welt würde Gott selber begrenzen und verendlichen. Rahner wendet sich aus diesem Grund gegen einen extremen Dualismus, der Gott und Welt zu radikalen Gegensätzen erklärt.

Rahner macht auch ähnlich wie Hegel darauf aufmerksam, daß man sich das Problem der Gotteserkenntnis nicht so vorstellen dürfe, als ob zu demonstrieren sei, wie der Mensch von sich aus zu dem fremden Gegenstand *Gott* aufbricht, um ihn zu erfassen. Die Vorstellung ist nach Hegel falsch, nach der der Mensch gewissermaßen eine Brücke zu diesem Gegenstand errichten müsse. Daß eine derartige Gegen-*Überstellung* von Mensch und Gott eine nur vorläufige Weise zu denken verrät, zeigt Hegel u.a. in seinem Werk *Phänomenologie des Geistes* (1806). Rahner hatte es studiert. Er wendet sich immer wieder gegen eine Vergegenständlichung Gottes. Gott ist hingegen die apriorische transzendentale Bedingung der Möglichkeit, a posteriori endliche Gegenstände erfassen zu können, ja Gott ist der Grund von Gegenständlichkeit und als ihr Grund nicht einer ihrer Fälle. Als Wesen der Transzendenz bewegt sich der Mensch stets innerhalb der allumfassenden Offenbarkeit des göttlichen Geheimnisses, von diesem „umflutet", zum Erkennen erweckt und in ursprünglicher Einheit mit ihm. Wegen dieser *apriorischen* Bezogenheit von Gott und Mensch ist eine Gotteserkenntnis überhaupt nur möglich. Für Rahner ist mit diesen Überlegungen die Möglichkeit einer transzendentalphilosophischen Gotteserkenntnis erwiesen. Eine *philosophische* Theologie als Wissenschaft von Gott ist folglich möglich. Zugleich klärt sich damit die wissenschaftstheoretische Voraussetzung der Theologie, die in Gottes Offenbarung gründet: die Offenheit des Menschen für Gottes Existenz und Handeln. Ohne diese Offenheit des Menschen für Gott wäre die Rede von einer Offenbarung Gottes unsinnig; ein Unding wäre erst recht eine Theologie dieser Offenbarung.

Wie erwähnt, hatte Kant die Möglichkeit bestritten, die Wirklichkeit in ihrem Ansichsein zu erfassen: das Ding-an-sich.

Rahner versucht wie Hegel und Maréchal dieser These die Grundlage zu entziehen.
Nach Hegel beinhaltet die Rede vom unerkennbaren Ding-an-sich einen Widerspruch. Denn die Behauptung, das Ding-an-sich sei unerkennbar, setzt ein bestimmtes Wissen um die Andersartigkeit der objektiven Wirklichkeit voraus. Völlig unbekannt kann das Ding-an-sich nicht sein, wenn man schon darüber zu sprechen vermag und etwas Wahres über das *Ding-an-sich* – dessen Unerkennbarkeit – zum Ausdruck bringen möchte.
Maréchal beruft sich auf die Praxis des menschlichen Geistes, die ein unerkennbares Ding-an-sich bestreitet. Fragt der Mensch beispielsweise, so will er wissen, wie das Erfragte für sich selbst, also an sich ist und nicht ausschließlich, wie es ihm selber erscheint. D. h., man fragt nur unter der Voraussetzung unbedingter Geltung und Wahrheit, man fragt im Blick auf die Objektivität des Erfragten. Weil der Mensch fragt und dabei an der objektiven Wahrheit des Erfragten interessiert ist, muß als Bedingung der Sinnhaftigkeit menschlichen Fragens vorausgesetzt werden, daß die Objektivität des Erfragten zumindest im Prinzip auch zugänglich sein muß.
In seiner philosophischen Doktorarbeit nennt Rahner das Problem der Kluft zwischen dem erkennenden Menschen und der Welt objektiver Gegenstände kurzerhand ein Scheinproblem. Ein Wissen um die Differenz zwischen Subjekt und Objekt setzt bereits eine Art von Einheit zwischen beiden voraus (Werke 2, S. 66 ff.). Nur wegen einer ursprünglichen Einheit, d. h. Bezogenheit von Subjekt und Objekt aufeinander kann man überhaupt einen Unterschied zwischen beiden feststellen. Das Subjekt ist darum offen für eine objektive Wahrheit, für den *anderen* Menschen und für Gottes Wahrheit, die sich zuerst in der Schöpfung manifestiert.
Man sieht, Rahner kommt auf demselben transzendentalen Denkweg, den Kant eingeschlagen hat, zu einem geradezu entgegengesetzten Ergebnis. Angeregt von Maréchal und manchen Überlegungen Hegels geht er mit Kant über ihn hinaus.

Maurice Blondel

Noch ein anderer Denker scheint Rahner zumindest indirekt beeinflußt zu haben: der katholische Laie Maurice Blondel (1861–1949). Dieser französische Denker beabsichtigte, mit philosophischen Mitteln an der laizistisch geprägten philosophischen Fakultät der Pariser Sorbonne zu zeigen, daß der Mensch in seinem Handeln notwendigerweise auf einen Gott hin angelegt ist, der sich dem Menschen als Erfüllung allen Strebens offenbart – daß also die Offenbarung Gottes jeden Menschen unbedingt angeht und ihre Ablehnung dem Wesen des Menschen geradezu widerspricht.
In seiner für die Gesamtentwicklung der Theologie im 20. Jahrhundert kaum zu unterschätzenden Doktorarbeit *L' Action* (1893) analysiert Blondel eine menschliche Erfahrung. Jeder Mensch strebt nach Diesem und Jenem und möchte es haben. Aber das Wollen von einzelnem wird offenbar getragen von einer untergründigen Willensdynamik, die sich niemals im Wollen von Diesem und Jenem erschöpft. Denn immer bleibt etwas zu wünschen übrig, wenn dieser oder jener Wunsch in Erfüllung gegangen ist. Wünschbar, „wollbar" bleibt stets unendlich viel, und weder etwas einzelnes noch die Summe aller endlichen Güter und Werte scheinen den Horizont des Wünschbaren und Wollbaren mit einem Schlag ausfüllen zu können. Der Mensch scheint nur ein für allemal mit dem Unendlichen selbst zufrieden zu sein: mit dem unendlichen Gott, der sich aus freien Stücken auf den – Absolutes wollenden – Menschen zubewegt. Für den nach dem Unendlichen ausgreifenden Menschen sei daher der sich schenkende und offenbarende Gott absolut notwendig, so Blondel. Absolut unmöglich sei es zugleich, daß der Mensch von sich aus Gott zu dieser Selbstgabe und Offenbarung bewegen könnte. Trotz der Notwendigkeit, mit der der Mensch auf die Offenbarung Gottes bezogen ist, heben Blondels Überlegungen die Freiheit Gottes niemals auf. Ein vom Menschen manipulierbarer Gott wäre auch nicht mehr absolut und unendlich frei; ein nicht-unendlicher – endlicher –

Gott wäre zudem nicht mehr die Erfüllung des nach reiner Unendlichkeit strebenden Menschen.
Mit den Mitteln der Vernunft führt Blondel den „laizistischen" Anhängern der französischen Aufklärung damit vor Augen: Der Glaube an die Offenbarung Gottes in Jesus Christus steht am Ende des wahren und konsequenten Gebrauchs derjenigen Vernunft, die den Mut hat, sich selber in jeder Hinsicht „aufzuklären". Mit diesen Überlegungen provozierte Blondel seine philosophierenden Zeitgenossen in kaum zu unterschätzender Weise.
Rahner hatte zwar Blondels *Action* nicht gelesen, kannte aber andere seiner Schriften, die ihn in seine Gedankenwelt einführten. Wie Blondel wollte Rahner mit philosophischen Mitteln die notwendige Bezogenheit des Menschen auf eine endgültige Offenbarung Gottes in Jesus Christus aufdecken – eine Bezogenheit, die im konkreten Leben des Menschen allerdings auch schon immer unter der Wirksamkeit der Gnade Gottes steht, was die Philosophie jedoch nicht zu reflektieren vermag.
Die Schulphilosophie und Schultheologie, in die Rahner während seines Studiums eintauchte, standen über weite Strecken einer philosophischen Begründung der notwendigen Bezogenheit des Menschen auf Gottes – freie – Offenbarung entgegen.

Die Schultheologie und Rahners Antwort

In der Theologie hatte man sich immer darum bemüht, die Freiheit und Unverfügbarkeit der göttlichen Offenbarung herauszustellen. Man betonte, daß der Mensch in keiner Weise Gottes Gnade und Offenbarung irgendwie erzwingen könne. Das wollte man in der katholischen Theologie gerade auch gegenüber der reformatorischen Kritik hervorheben, die unterstellte, nach katholischem Glaube leiste der Mensch bei seiner Erlösung und Begnadung einen eigenständigen Beitrag oder der Mensch könne die Gnade irgendwie von Gott einfordern. Auch in den Jahrzehnten bevor Rahner Theologie zu studieren begann und während der Zeit seines Studiums unterstrich man in der katholischen Theologie verstärkt, daß der Mensch aus sich selbst heraus keine Dynamik besitze, die ihn auf die Offenbarung hin in Bewegung bringt. Nichts im Menschen sollte Gott „unter Druck setzen", dem Menschen auch die Gnade schenken zu müssen. Man verstand den Menschen daher als einen rein passiv Empfangenden gegenüber Gottes Offenbarung. Der Fachausdruck für diese bloß passive Empfänglichkeit lautete *potentia oboedientialis passiva, passive gehorsamheitliche Potenz.* Die „Gehorsamheitlichkeit" bezog man darauf, daß die Offenbarung eben nur „gehorsam" angenommen und nicht irgendwie „vorlaut" eingefordert werden könne. Um die Freiheit der Gnade noch deutlicher zu unterstreichen und um die Bezogenheit des Menschen auf Gottes – freie – Gnade noch weiter ein aktives, dynamisches Moment zu nehmen, verstanden manche diese Potenz (= Empfänglichkeit) nur „negativ" als bloße *Nicht-Repugnanz* hinsichtlich der Gnade, d.h. als bloßes „Nichtwiderstreiten" des Menschen, die Gnade aufzunehmen. Von einer „Anlage" für Gottes Gnade konnte nun wirklich keine Rede mehr sein; die Natur des Menschen widerstreitet der Gnade nur nicht, wenn sie geschenkt wird.

Vgl. dazu RAHNERS Lexikon-Artikel ***Potentia oboedientialis***, in: Taschenlexikon Bd. 6, S. 61–63.

Dieses sehr äußerliche Verhältnis zwischen Mensch/Natur und Gnade kennzeichnet den sogenannten *Extrinsezismus* (lat. extrinsecus = äußerlich) in der Gnadenlehre.

Philosophisch bemühte man sich zwar, zu demonstrieren, daß der Mensch imstande sei, mit der Vernunft Gott zu erkennen. Aber eben darüber hinaus noch den Nachweis zu führen, daß der Mensch als Mensch auf eine Gemeinschaft mit Gott hin angelegt sei, schien die Freiheit der Gnade aufzuheben: Wenn es eine Naturanlage im Menschen (*desiderium naturale*) für die Offenbarung Gottes geben würde, dann müßte sich Gott dem Menschen auch offenbaren. Würde der Schöpfer in ein Geschöpf den Durst nach Wasser legen, so müßte er auch das Wasser dazuerschaffen, damit das Verlangen nach Wasser einen Sinn hat. Hat der Schöpfer in den Menschen den Durst nach dem ewigem Leben gelegt, *muß* ihm auch Gott als Quell des ewigen Lebens notwendigerweise – und damit unfrei – entgegenströmen (Schriften, Bd. 1, S. 331 ff.). In diesem Sinn verstand man vor allem Lubacs Gnadentheologie und wies sie zurück.

Geradezu als Todsünde der *Schultheologie* wertet Rahner die *extrinsezistische* Trennung von menschlicher Natur und übernatürlicher Gnade, und d. h. auch: von menschlichem Wesen und freier Offenbarung, von irdischem und ewigem Leben, von Vernunft und Glaube. Denn zum einen wird dadurch auch mit theologischen Mitteln ein Bereich abgesteckt, in dem alles nur mit „natürlichen" Dingen zugeht und darum Wunder und andere Zeichen der Gnade und Nähe Gottes nichts verloren haben. Die „natürliche" Welt wird so ganz der aufgeklärten Vernunft und den – methodisch zumindest – atheistisch verfahrenden Naturwissenschaften überlassen. Zum anderen wird unklar, was die Gnade mit dem Wesen des Menschen überhaupt zu tun hat und was der Mensch eigentlich innerlich von Gottes Offenbarung hat. Um zu zeigen, daß der Glaube an die Offenbarung Gottes dem Menschen „auch etwas bringt", daß sie den Menschen ganz und gar angeht und betrifft, für den Mensch von letzter, unüberbietbarer Bedeutung ist, muß man den Nachweis führen, daß der Mensch als Mensch mit jeder Faser seines Daseins auf Gottes Offenbarung bezogen ist.

Um die Problematik des *Extrinsezismus* zu illustrieren, spricht Blondel vom Parterre des menschlichen Hauses, in dem man sich mit Hilfe von Vernunft und Wissenschaften orientiert – hier geht sozusagen alles mit natürlichen und vernünftigen Dingen zu. Die Theologie beginnt erst im ersten Stock; hier regieren die gnadenhafte Übernatur, Offenbarung und Ewiges. Doch für Blondel bleibt es unklar, wie man vom Parterre in den ersten Stock kommt.

Ähnlich sieht es Rahner: Natur und Übernatur, Menschliches und Gnade sollen nicht jeweils als gewissermaßen zwei aufeinander gesetzte Stockwerke verstanden werden. Dieses

sogenannte *Zwei-Stockwerk-Denken* will Rahner – wie Blondel und Lubac – überwinden. Es gilt, eine Treppe vom Parterre der natürlichen Welt und menschlichen Natur zum übernatürlichen gnadenhaften Handeln Gottes zu bauen, und zwar, soweit möglich, mit den Mitteln der Vernunft. Rahner möchte den Menschen deshalb als *potentia oboedientialis activa* begreiflich machen: als *dynamisch-aktiv auf Gottes Offenbarung hingeordnete Empfänglichkeit*, die allerdings Gott nicht unter Druck setzt, sich zu offenbaren.
Rahner begriff diese dynamische Bezogenheit des Menschen auf Gottes Selbstkundgabe als eine Aktivität des Menschen, die sich aber auch dank der Anziehungskraft – der *Attraktivität* (lat. attrahere = anziehen) – der Offenbarung entfaltet. Rahner versucht den Bezug des Menschen auf Gottes freie Offenbarung und Gnade von zwei Seiten aus in den Blick zu nehmen.
Zwar muß es *einerseits* eine *im Menschen* begründete Bezogenheit auf die Offenbarung geben – andernfalls ist das Zwei-Stockwerk-Denken nicht zu überwinden. In seinem Werk *Hörer des Wortes* legt Rahner dieses Bezogen- und Ausgerichtetsein des Menschen auf eine möglicherweise sich ereignende Offenbarung Gottes in der Geschichte dar (siehe S. 108–121). Diese Ausrichtung hat z. B. die Form der menschlichen Sehnsucht nach einem Leben, das auch seinen Sinn behält trotz aller Verstrickung in Unrecht und Sünde oder angesichts der Vernichtung durch den Tod, wenngleich der Mensch auf Erlösung und ewiges Leben keinen unbedingten Anspruch erheben kann.
Aber *andererseits* macht Rahner auch deutlich, daß in dieser Sehnsucht und Hoffnung des Menschen auf Heil und Erlösung bereits die *Attraktivität* der Offenbarung und Gnade im Spiel ist. Gott wirkt schon in der Seele des Menschen, wenn diese sich hoffend nach einem Gott ausstreckt, der Heil und Erlösung schenken könnte. Das konkrete Leben des Menschen steht nach Rahner stets unter der Wirkmacht des umfassenden Heilswillens Gottes, der weder durch menschliche Vorleistungen („Werke“) noch durch eine menschliche Eigen-

schaft und ebensowenig durch die Offenheit des Menschen für die Offenbarung beeinflußt werden kann. Dieser Heilswille Gottes ist souverän und unabhängig. Dieser Heilswille wird darum als Gnade im Menschen wirksam und richtet den Menschen innerlich auf das Heil in Christus aus. Diese durch die Gnade bedingte Ausrichtung des Menschen auf Gottes Heil in Christus ist aber auch nur wieder möglich, weil der Mensch von sich aus offen ist für Gottes Selbstoffenbarung und Heilshandeln. Die *Attraktivität* der Gnade Gottes setzt einen für Offenbarung und Gnade empfänglichen Menschen voraus: einen Menschen, den eine *aktive Empfangsbereitschaft* kennzeichnet. An diese aktive Dynamik knüpft Gott mit seiner gnadenhaften Dynamik an, umfaßt, ja „unterfaßt" sie, treibt sie über sich in ihrer „Natürlichkeit" hinaus und bezieht sie so auf sein übernatürliches Heil, das er durch Menschwerdung, Kreuz und Auferstehung seines Sohnes verwirklicht und als Gnade allen Menschen anbietet, wo immer und wann immer sie leben.
Im übrigen ist Rahner davon überzeugt, daß man nicht angeben kann, wo nun genau die Grenze verläuft zwischen der Eigendynamik des Menschen, durch die der Mensch auf Gottes Offenbarung bezogen ist, und der Dynamik, die Gottes Gnade im Menschen bewirkt, um den Menschen auf seine Offenbarung hin – sehnend und hoffend – in Bewegung zu setzen.
In Absetzung von der Schultheologie begreift Rahner die Offenbarung Gottes ganz entschieden als *Selbstmitteilung Gottes.* Die Schultheologie tendierte dazu, die Offenbarung mit der Mitteilung von einzelnen göttlichen Wahrheiten gleichzusetzen – zumindest entstand oft dieser Eindruck. Rahner hebt hervor, daß in der Offenbarung nicht primär himmlische Lehren und einzelne Satzwahrheiten mitgeteilt werden, die der Mensch auf Gottes untrügliche Autorität hin glauben soll. Es ist vielmehr Gott, der dem Menschen sein eigenes Selbst mitteilt und schenkt: sein dreifaltiges Leben. Diese Selbstmitteilung Gottes schließt auch Rahner zufolge sehr wohl übernatürliche Wahrheiten ein: Wahrheiten, die mit

den philosophischen Mitteln der Vernunft nicht zu erreichen sind, z. B. das Geheimnis der Dreifaltigkeit. Diese ist kein Thema der Philosophie. Aber die Offenbarung dient eben nicht zuerst einer äußeren Belehrung des Menschen über die Dinge, die seiner Vernunft nicht zugänglich sind; die Offenbarung ereignet sich als Selbstgabe Gottes.

Wegen der radikalen Trennung von menschlicher Natur und göttlicher Gnade betonte ein Lehrer Rahners, Hermann Lange, daß man Gottes Gnade niemals irgendwie erfahren könne. Sie sei dem menschlichen Bewußtsein ganz jenseitig, weil die Gnade eben der menschlichen Natur ganz jenseitig ist und etwas unableitbar „Neues" und „Überraschendes" darstellt, das der Mensch nicht nur in sich zu entdecken vermag. Rahner möchte hingegen in seiner Gnadenlehre demonstrieren, daß Gottes Gnade *jenseitig* ist *und zugleich ganz diesseitig* werden kann – daß die Gnade in ihrer Neuheit zugleich etwas Alltägliches ist, was man leicht zu übersehen vermag. Die Gnade ist für Rahner die innere Mitte des von Gott seit Ewigkeit zum Heil berufenen Menschen. Als Wesen der Freiheit lebt der Mensch stets aus Gottes freier Selbstzuwendung. Aus Gottes freier Selbstzuwendung zu leben, ist jedoch alles andere als etwas Selbstverständliches oder Notwendiges. Wegen der Diesseitigkeit des jenseitigen Gottes und seiner Gnade spricht Rahner von Gottes- und Gnadenerfahrungen.

Vgl. **Ignatius von Loyola**, *Geistliche Übungen*, übertragen v. A. Haas, 1981, Nr. 330, S. 108.

Mit Ignatius von Loyola teilt Rahner die Überzeugung, daß man die gnadenhafte Nähe Gottes spüren kann, wenn sich im Menschen z. B. plötzlich eine innere Zufriedenheit mit seinem Schicksal einstellt, wenn man sich getröstet fühlt inmitten von tausend Schwierigkeiten, ohne daß ein konkreter Anlaß zu nennen ist, der diese Zufriedenheit oder diesen Trost verursacht haben könnte. Solche Gottes- und Gnadenerfahrungen werden wir in Rahners Gotteslehre näher kennenlernen.

Zu **Gotteserfahrungen** siehe u. S. 135 ff., 170 ff.

In der Schultheologie und Schulphilosophie berief man sich in der Regel gerne auf den gescheitesten Kopf der hochmittelalterlichen *Scholastik:* auf Thomas von Aquin. Im 19. Jahrhundert erlebte die sogenannte *Neuscholastik* eine bemerkenswerte Blüte. Wie aber auch in der Architektur die Neugotik des 19. Jahrhunderts nicht eine bloße Wiedergeburt der mittelalterlichen Gotik darstellt, sondern sie interpretiert und verändert, so erweckt ebenso die Neuscholastik den Geist des Thomas nicht ohne Akzentverschiebungen und Umdeutungen zu neuem Leben. Andererseits setzte die Berufung auf Thomas ein streng historisches Studium seiner Werke in Gang. Man lernte, daß manche schulthomistischen Thesen bei Thomas keine unmittelbare Grundlage haben. So ergab sich, daß Thomas sehr wohl ein *desiderium naturale in visionem beatificam* kenne, d. h. ein in der menschlichen Natur verankertes Streben nach der übernatürlichen, beseligenden Schau Gottes im ewigen Leben. Um dieses Ziel zu erreichen, muß der Mensch allerdings durch Gottes Gnade über sich selbst und seine natürlichen Kräfte hinausgehoben werden: In die natürlich-dynamische Offenheit des Menschen für Gottes Heil stiftet Gott die gnadenhafte Dynamik des Menschen auf das übernatürliche Ziel hinein. Unter Berufung auf die Autorität des Thomas von Aquin ließ sich jenes Zwei-Stockwerk-Denken offensichtlich nicht festklopfen.

Mit ***Scholastik*** bezeichnet man vor allem die wissenschaftliche Form, in die man im Mittelalter den Glaubensinhalt mittels der von dem griechischen Philosophen Aristotels (322 v.Chr.) entwickelte Metaphysik und Logik brachte, um ihn als systematische Lehre darzustellen. Das Wort „Scholastik" leitet sich ab von dem lateinischen Wort für Schule *schola* bzw. für Lehrer *scholasticus*.

Auch an derartige Resultate der Thomas-Forschung knüpft Rahner an, ebenso Maréchal. Außerdem verstand schon Thomas die Offenbarung primär als Selbstmitteilung Gottes und in einem von dieser Sichtweise abhängenden Sinn erst als Mitteilung von Wahrheiten, die der Vernunft aus eigener Kraft unzugänglich sind oder nur nach langer Zeit, oft vermischt mit Irrtümern, erfaßt werden können.

Vgl. THOMAS VON AQUIN, *Summe der Theologie* I, 1, 1.

Thomas galt und gilt nach wie vor als der große Theologe der westlichen Christenheit, so daß nicht zufällig viele Theologen bei ihm sozusagen in die Schule gegangen sind und gehen – wie Rahner selbst. Das Zweite Vatikanische Konzil empfiehlt sogar ausdrücklich, unter der Anleitung des Thomas den Glauben und seine philosophischen Voraussetzung denke-

Zu Fundstellen von **Dekreten** des Zweiten Vatikanums vgl. die Randnote auf S. 47.

risch zu durchdringen (*Dekret über die Ausbildung der Priester „Optatam totius“* 16), ebenso wieder Papst Johannes Paul II. in seiner Enzyklika *Fides et ratio* vom 14. September 1998 (Nr. 43–44).
Noch auf eine andere, im ersten Teil dieses Buches bereits erwähnte, große geistige Strömung ist einzugehen, die einige ihrer Wurzeln in den Werken Maréchals und Blondels hatte und Rahners Auffassung hinsichtlich des Verhältnisses von Vernunft und Offenbarung, Natur und Übernatur, Philosophie und Theologie maßgeblich prägte: die *Nouvelle théologie.*

Nouvelle théologie

1942 verwendete der einflußreiche römische Theologe Pietro Parente die Bezeichnung *Neue Theologie* wohl zum ersten Mal als negatives Etikett: Mit dem Neuen dieser Theologie waren schädliche Neuerungen in Philosophie und Theologie gemeint. Parente heftete das Etikett an die Theologie zweier Dominikaner: an die des in Le Saulchoir unweit der belgischen Stadt Tournai lehrenden Marie-Dominique Chenu und an die des in Löwen dozierenden Louis Charlier. Das Etikett sollte ebenso an Professoren haften, die aus Le Saulchoir hervorgingen, wie etwa Yves Congar. Gleiches galt für Professoren, die mit der Jesuiten-Hochschule Fourvière bei Lyon verbunden waren: Emile Delaye, Henri Bouillard, Jean Daniélou, Henri de Lubac, Henri Rondet u. a.
Als unsachgemäße Neuerung wurden Überlegungen eingeschätzt, die zu einem betont geschichtlichen Verständnis der theologischen Sprach- und Denkweisen sowie des Dogmas führten. Die Kritiker der *Nouvelle théologie* opponierten außerdem gegen den Versuch, den christlichen Glauben auf die aktuelle Strömungen der Philosophie zu beziehen, z. B. auf die die menschliche Selbsterfahrung zum Gegenstand erhebende Philosophie des Existentialismus. Suspekt war nicht weniger eine Vermittlung des Dogmas mit naturwissen-

schaftlichen Prinzipien. Die evolutionstheoretisch orientierte kosmische Theologie von Pierre Teilhard de Chardin geriet in Mißkredit. Strittig war insbesondere die Gnadenlehre der *Nouvelle théologie*.

Im Rückgriff auf die Theologie des Thomas von Aquin und im Geiste Blondels entwickelte Henri du Lubac in seinem Werk *Surnaturel* (1946) die These, daß der Mensch als Mensch ein natürliches Verlangen nach der übernatürlichen Gemeinschaft mit der Dreieinigkeit in sich trage. Es ist nicht schwer zu erkennen, daß diese These Lubacs auf die *Schultheologie* zielte.

Rahner war mit seiner patristischen Studie *Aszese und Mystik der Väterzeit*, die 1939 erschienen war, in Kontakt mit seinen französischen Mitbrüdern getreten. Er hatte ebenso das Werk Lubacs *Catholicisme*, das 1938 erschienen war, besprochen. In diesem Werk wird das Prinzip der Katholizität u. a. als ein in Gottes universalem Heilswillen begründetes implizites, anonymes Christentum aller Menschen entwickelt, das freilich im kirchlich verfaßten Christentum seine notwendige Darstellung und Vollendung findet. Rahners Theorie vom anonymen Christen erinnert an diese Überlegungen Lubacs, wenngleich dieser meinte, sich von Rahners Theorie abgrenzen zu müssen. Auch diese universale Sicht des Heilswillens Gottes provozierte den theologischen Gegner.

Rahners Bruder Hugo bemühte sich, in einem 1947 veröffentlichten Aufsatz das Anliegen der *Nouvelle théologie* zu erläutern und gegen Mißverständnisse zu schützen.

HUGO RAHNER, *Wege zu einer „neuen" Theologie*, in: Orientierung 11 (1947) S. 213–217.

Die Enzyklika von Papst Pius XII. *Humani generis* (1950) beanstandete, daß manche Theologen behaupten würden, Gott könne keine mit Verstand begabten Wesen schaffen, wenn er sie nicht zugleich auf die gnadenhafte Vollendung hinordne. Diese Beanstandung schien genau auf Lubacs gnadentheologische These zu zielen. Lubac glaubte sich jedoch nicht theologisch getroffen sehen zu müssen. Denn aus der Hinordnung des Menschen auf Gottes Gnade und ewige Gemeinschaft folgerte er nicht, daß Gott dem Menschen diese Gnadengemeinschaft auch schenken müsse.

Rahner sprach nach 1950 vom *übernatürlichen Existential*. Er entwickelte diesen Begriff im direkten Bezug auf Lubac. Rahner bezeichnet damit eine von Gott *frei gesetzte* (= übernatürliche) Bestimmung (Eigenschaft) der konkreten menschlichen Existenz (Schriften, Bd. 1, S. 339 ff.). Durch diese Bestimmung wird, wie erläutert, das natürliche Streben des Menschen nach der Gemeinschaft mit Gott innerlich durchdrungen und auf sein Ziel nun auch in sozusagen erfolgversprechender Form ausgerichtet. In Lubacs Gnadentheologie kommt Rahner zufolge dieses gnadenhafte Mitbestimmtsein des Menschen in der natürlichen Hinordnung auf Gott nicht deutlich genug zum Zuge.

Durch seine Differenzierungen versuchte Rahner möglichen Mißverständnissen der Thesen von Lubac zu entgehen. Und zumindest in bezug auf seine eigene Gnadenlehre hatte er Erfolg damit. Eine lehramtliche Beanstandung gab es wegen seines Offenbarungs- und Gnadenverständnisses nicht.

Im Erbe des Franz von Suárez

Verschiedentlich äußert sich Rahner, daß die Schulphilosophie, die er studiert hatte, den Geist des spanischen Jesuiten Franz von Suárez (1548–1619) atmete. Suárez verstand sich in seiner Zeit bereits – wie später im 19. Jahrhundert viele Vertreter der Neuscholastik, zumal aus dem Dominikanerorden – als Interpret der Werke des Dominikaners Thomas von Aquin. Doch interessierte Suárez und die ihm geistig nachfolgenden Philosophen und Theologen weniger eine historische Rekonstruktion des Denkens von Thomas, sondern eher eine Systematisierung seiner Aussagen. Es ging, wie auch in der Barockscholastik, um die Entfaltung eines umfassenden philosophischen und theologischen Systems von Lehrsätzen und Thesen.

Dieser formalen Vorgehensweise entsprach ein inhaltlicher Aspekt. Schon für Suárez lag die wissenschaftlich interessante Seite einer Sache in ihrem Wesen, das er dem geschichtlichen

Wandel nicht unbedingt ausgesetzt sah. Diese Sichtweise gewann in der Zeit nach Suárez weiter an Einfluß. Philosophisch bedeutete dies: Das konkrete, geschichtliche Dasein des Wesens einer Sache (auch des Menschen) ist eher etwas Beiläufiges, das zum wissenschaftlichen Erfassen einer Sache nichts Entscheidendes beiträgt. Alle philosophischen Anstrengungen richteten sich daher darauf, das Wesen einer Sache mit einem präzisen Begriff zu definieren. In dieser Wesensphilosophie identifizierte man mehr und mehr Wissen und Erkenntnis mit einer exakten Begriffsbildung, mit Ableitungen und Schlußfolgerungen aus Begriffen (Deduktionen). Man war dabei auch in die Schule des Philosophen René Descartes gegangen. Dieser wollte philosophische Gewißheit in der Erkenntnis erreichen, um jeden Zweifel zu überwinden. Als Kriterium für Gewißheit galt ihm das klare und präzise Erfassen eines Sachverhalts, so daß man klare und distinkte Begriffe bilden kann.

Man braucht nicht viel Phantasie, um sich die Abstraktheit dieser schulphilosophischen Denkweise vorzustellen, die ebenso auf die Theologie durchschlug.

Auch in der Theologie vernachlässigte man mitunter die Frage, durch welche geschichtlichen Zusammenhänge etwa ein dogmatischer Lehrsatz entstanden war und wie er in seiner Entstehungszeit aufgefaßt wurde. Wichtiger schien der Satz als solcher; man löste ihn aus seinem geschichtlichen Zusammenhang und machte ihn zum Ausgangspunkt weiterer Ableitungen. Gerade deshalb konnten die historischen Studien der *Nouvelle théologie* zur Entwicklung bestimmter theologischer Denkformen oder dogmatischer Lehrsätze als Gefährdung des einmal festgefügten Lehrsystems empfunden werden.

Bemerkenswerterweise war man im 19. und noch zu Beginn des 20. Jahrhunderts oft davon überzeugt, daß man mit jener Wesensphilosophie dem Denken des hl. Thomas von Aquin gerecht werden würde.

Thomas dachte jedoch gerade von der konkreten Wirklichkeit einer Sache her; er begriff das Sein (Realität) einer Sache als deren Vollkommenheit. Denn daß etwas existiert, ist nichts Beiläufiges, ist vielmehr das Entscheidende an einer Sache. Nimmt man einer Sache das Sein weg, so nimmt man ihr das Entscheidende: Sie ist nicht mehr, auch ihr Wesen verschwindet. Das Wesen verfügt nämlich von sich aus nicht über das Sein. Aus dem Wesen des Menschen z. B. folgt nicht bereits, daß er auch wirklich existiert. Das Wesen besagt nur: Möglicherweise könnte der Mensch existieren – dann, wenn ihm Sein gegeben ist. Aber von wem? Die Antwort kann nur lauten: Von einem Sein, das ganz durch sich selbst existiert und in nichts von anderem abhängt. Dieses vollkommene Sein nennt Thomas Gott. Hat man also einmal verstanden, was Sein bedeutet, das uns in jeder existierenden Sache begegnet, ist man bereits dabei, Gottes Wirklichkeit zu erkennen. Sein, für sich betrachtet, ist nämlich grenzenloses Wirklichsein oder reines Existieren, das durch nichts begrenzt oder eingeschränkt wird. Sein ist demnach das absolute Gegenteil des Nichts. Die Begrenztheit des Seins einer Sache liegt, so betrachtet, nicht in ihrem Sein begründet. Es ist das endliche, begrenzte, weil sich von anderen Wesen abgrenzende Wesen einer Sache, wodurch das Sein eingeschränkt wird. Nur das unendliche Wesen Gottes begrenzt das Sein nicht. Gott ist deshalb reines, schrankenloses Existieren, zeitlose, ewige Wirklichkeit.

Erkennt man zudem den absoluten Gegensatz zwischen Sein und Nichts, weiß man nach Thomas ebenso darum, daß eine unendliche Kraft erforderlich ist, um diesen Gegensatz zu überbrücken. Existiert darum etwas Endliches, das nur eine endliche Kraft besitzt, so muß eine unendliche Kraft als Existenzgrund des Endlichen angenommen werden. Das Sein des Endlichen beweist folglich das Sein Gottes.

Weil man in der Zeit nach Thomas mehr und mehr verlernte, im Sein das Entscheidende einer existierenden Sache zu sehen, fiel es immer schwerer, das unbegrenzte Existieren des göttlichen Wesens philosophisch verständlich zu machen. Sein oder Nichtsein – das war nicht mehr die entscheidende Frage. Die entscheidende Frage war, ob etwas möglich oder unmöglich, ob man es widerspruchsfrei denken kann oder nicht, so daß es möglicherweise auch existieren könnte. Immanuel Kant, der diese Wesens- und Möglichkeitsphilosophie bestens kannte, zeigte schließlich, daß man zwar einen fehlerfreien Begriff von Gottes Wesen zu bilden vermag. Aber weil auch Kant das Sein einer Sache als etwas nur Beiläufiges begriff, als etwas Begrenztes und nur Endliches also, konnte er ein reines, grenzenloses und unendliches Existieren des göttlichen Wesens nicht mehr philosophisch aufweisen. Auch aus diesem Blickwinkel kam man zu der bereits erläuterten Schlußfolgerung, daß die Theologie als theoretische Wissenschaft von Gott nicht mehr möglich ist; sie schien – ihrer philosophischen Grundlegung beraubt – in der Luft zu hängen. Rahner, andere Jesuiten und christlich denkende Philosophen bemühten sich deshalb, das christliche Denken aus dieser Wesensphilosophie zu befreien; sie wollten dem Seinsdenken des Thomas von Aquin wieder mehr Raum geben. Die Philosophie Martin Heideggers schien Rahner dafür eine Hilfe in die Hand zu geben.

Martin Heidegger

Schon der von Heidegger bevorzugte Begriff *Existential* bezeichnet nicht eine Eigenschaft des abstrakt gedachten menschlichen Wesens; *Existential* meint eine Bestimmung der konkreten menschlichen Existenz. Mit diesem Begriff soll also etwas über das zeitliche und geschichtliche Dasein des Menschen zur Sprache gebracht werden. Das Existential *In-der-Welt-sein* wurde schon (S. 23) erwähnt: es bringt zum Ausdruck, daß der Mensch sein Wesen nur vollziehen kann, insofern er sein zeitliches Dasein im Horizont und Medium der ihn unmittelbar prägenden Welt lebt (Heidegger, Sein und Zeit, § 12). Ebenso versteht Heidegger das Bezogensein des Menschen auf den Tod als Existential. Der Tod begründet die Möglichkeit, daß der Mensch sein

Zu Heideggers Definition von ***Existential*** vgl. MARTIN HEIDEGGER, *Sein und Zeit* (1927), Gesamtausgabe, Bd. 2, 16. Aufl. 1984, § 9.

Dasein vor sich bringt und als solches erfaßt: Da der Tod alle Verbindungen zu anderem abbricht, den Menschen vereinsamt, enthüllt der Tod die unvertretbare Einmaligkeit und Verantwortlichkeit des *Einzelnen;* er eröffnet somit die Möglichkeit, das eigene Sein bewußt zu ergreifen. D. h., als *Sein zum Tod* erfährt der Mensch eine Art Gewissensruf, *eigentlich* zu sein. So ist es möglich, über das alltägliche *Verfallensein* in die *Uneigentlichkeit* des *Geredes* oder die *Diktatur des Man* („man sagt, denkt, glaubt, lebt ...") hinauszukommen. Der Ruf in die *Eigentlichkeit* bezeichnet ein Existential des Menschen wie das Leben in der *Uneigentlichkeit* (Heidegger, Sein und Zeit, §§ 46–60).

In Rahners theologischen Überlegungen zum Tod, auch zum Tod Jesu, findet die philosophische Todesdeutung Heideggers ihren Niederschlag.

Das Dasein des Menschen begreift Heidegger vor allem als Da-Sein, d. h. als Ort, an dem das Sein *da* ist, insofern es gewußt wird, sich *lichtet.* Rahner interpretiert in Anknüpfung an Heidegger von der menschlichen Subjektivität her das Sein, das nur im Menschen oder in der absoluten Subjektivität Gottes lichtet, d. h. bei sich ist.

Heidegger denkt das Sein – im Unterschied zur Schulphilosophie – nicht als etwas Beiläufiges, das zum Wesen einer Sache hinzutritt, sondern, in bezug auf den Menschen, als dasjenige, zu dem sich der Mensch angesichts des Todes bewußt verhält, das alles Interesse des Menschen auf sich zieht.

Später (nach seiner sogenannten Kehre von der Daseinsanalyse weg zum Denken des Seins vom Sein her) deutet Heidegger das Sein vor allem als unfaßbaren Grund, der sich dem Menschen zeitlich, geschichtlich zu denken gibt und so erst Sprechen und Denken ermöglicht.

Die philosophische Doktorarbeit von Rahner *Geist in Welt* belegt seinen Dialog mit Heidegger, wenngleich dieser Dialog nicht durch eine ausdrückliche Auseinandersetzung gepflegt wird; er wird mehr indirekt durch eine freie Bezugnahme auf zentrale Gedanken Heideggers geführt.

Die Philosophie und Religionsphilosophie

In seinem Aufsatz *Geschichte und Geschichtserkenntnis. Einige Gedanken im Geiste thomistischer Metaphysik*, den Rahner in die Festschrift für seinen Vater einbaute, deuten sich bereits zentrale Überlegungen an, die für *Geist in Welt* maßgeblich werden.

Rahner zeigt, wie der menschliche Geist in seinem erkennenden Selbstvollzug (z. B. in seiner Selbsterkenntnis) von der Bezogenheit auf die Sinne und die materielle Welt abhängt: Würde der Mensch nie von anderen Dingen über die Sinne berührt und betroffen, gäbe es für unseren Geist nichts zu erkennen; wir könnten uns dann noch nicht einmal als diejenigen erkennen, die etwas erkennen; wir wüßten nicht um uns selbst.

Diese Abhängigkeit unseres Geistes von der materiellen Welt außerhalb von uns, so schreibt Rahner in *Geist in Welt*, setzt sich jedoch der Geist selbst als Bedingung, um er selbst sein zu können, um bei sich sozusagen erkennend einzukehren.

Mit dieser Überlegung deutet Rahner eine Verbindung zweier Vorstellungen an, die sich zu widersprechen scheinen. Er verbindet die Vorstellung von der Selbstbestimmung des Menschen (= *Autonomie*), die insbesondere die Neuzeit in verschiedener Hinsicht (z. B. in der Ethik) kennzeichnet mit der Erfahrung, daß der Mensch in all seinen geistigen und subjektiven Dimensionen von der ihn umgebenden und innerlich prägenden Um- und Mitwelt abhängig ist.

Die christliche Theologie setzt gerade bei dieser nicht zu bestreitenden Erfahrung an, daß der Mensch durch Mitmenschlichkeit bestimmt ist, um beispielsweise die Prägung des Menschen durch die Folgen der in den Anfängen der Menschheit wurzelnden Ursünde verständlich zu machen. In der Zeit der Aufklärung sprach man sich gerne im Namen der Autonomie und Freiheit des Menschen gegen die Vorstellun-

gen von Vorprägungen und grundsätzlichen Abhängigkeiten des Menschen aus. Weil die Erbsündenlehre der Vorstellung von der Selbstbestimmung und autonomen Selbstvervollkommnung des Menschen entgegengesetzt schien, schaffte sie der französische Nationalkonvent im Zuge der Revolution per Dekret am 17. November 1793 ab.
Vor diesem geistesgeschichtlichen Hintergrund ist Rahners ansatzhafte Suche nach einer Lösung für die Vereinbarkeit der Vorstellung von der autonomen Selbstbestimmung des Menschen mit dem Wissen um das Bestimmtwerden des Subjekts durch anderes bedeutsam: Im Sinn der Neuzeit denkt Rahner vom Subjekt her, das sich aber die passive Bestimmbarkeit durch etwas anderes um des eigenen Selbstvollzugs willen aktiv voraussetzt. Vom Subjekt aus also nimmt Rahner das Bestimmtwerden und Verfügtsein des Menschen in Welt und Mitwelt in den Blick anstatt – wie viele mittelalterliche Denker – von der objektiven Welt her, der sich das Subjekt anzugleichen hat.

Geist in Welt

Rahner erschließt daher in seiner Doktorarbeit zuerst das Subjekt in seinem Wissen um sich selbst, das erkennende *Beisichsein* des menschlichen Geistes. In einem zweiten Schritt wird das *Außersichsein* des menschlichen Geistes bedacht: daß der Mensch nur sich selbst bewußt besitzt, indem er zunächst außer sich ist: in der Welt, und allein bezogen auf die Materie und Sinne zu sich zurückkommt.
Das ursprüngliche Beisichsein des Geistes entnimmt Rahner der Analyse der menschlichen Frage nach aller Wirklichkeit: Man kann nur fragen, wenn man dabei um sich *als der Fragende* weiß und damit zugleich darum, daß man existiert. Um die eigene Existenz kann man auch nur wissen, wenn diese Existenz (das menschliche Sein) erkennbar ist. Weil der Mensch um sein erkennbares Sein weiß, also bei sich ist, spricht Rahner vom *Beisichsein* des Menschen. In der Tradition

Hegels (siehe S. 82ff.) nennt Rahner das Beisichsein auch *Subjektivität* (Werke 2, S. 64).
Aber nicht nur im Menschen fällt Sein und Erkennbarkeit zusammen. Da die Frage nach aller Wirklichkeit, nach dem Sein im Ganzen, wie Rahner sagt, ein erstes Wissen um das erfragte Sein voraussetzt, muß alles Sein, alle Wirklichkeit, erkennbar genannt werden. Sein ist Erkennbarkeit, alles Sein ist wahr (*omne ens est verum*), wie es die scholastische Tradition sagt.
Aber nun *fragt* der Mensch nach dem Sein. Jemand, der fragt, gesteht: Ich weiß nicht alles. Sosehr also der Mensch um das Sein weiß und beisichseiender Geist ist, sowenig besitzt er doch das Sein im Ganzen in fragloser Weise und Einheit mit sich selbst. Diese offensichtliche Differenz zwischen menschlichem Geist und dem Sein im Ganzen belegt die Endlichkeit des Menschen. Wer fragt, weil er etwas nicht weiß, ist endlich, begrenzt, ist mit dem Ganzen des Seins nicht vereint. Die Endlichkeit des Menschen versteht Rahner als transzendentale, apriorische Möglichkeitsbedingung (Voraussetzung) der Frage nach dem Sein im Ganzen.
Sein hat demnach verschiedene Grade: es ist endlich im Menschen und unbegrenzt als Sein im Ganzen. Aber immer bedeutet Sein, so Rahner, Erkennbarkeit und Beisichsein. Der Grad und Rang von etwas, das existiert und insofern Sein hat, richtet sich nach der Intensität des Beisichsein: je mehr etwas bei sich ist, um intensiver ist es, desto mehr hat es Sein. Ein Stein besitzt kein intensives Beisichsein; er ist nur erkennbar. Eine Pflanze besitzt bereits eine Art Innerlichkeit: sie reagiert auf Umwelteinflüsse, sie ist in einem bestimmten Maß selbstbezogen, hat also spurenhaft *Subjektivität* und damit „mehr" Sein als der Stein. Beim Tier treten die Anfänge der *Subjektivität* noch deutlicher hervor. Der Mensch ist schließlich *Subjekt* und daher intensiver Sein als Pflanze und Tier. (Rahner meint damit nicht, daß etwa die Frage nach Würde und Recht des Menschen vom aktiven Vollzug dieser Subjektivität abhängt. Er steht hier ganz in der Denktradition der Metaphysik, der es darauf ankommt, daß etwas dem *Wesen* einer Sache entspricht, unabhängig vom Grad der Realisierung. Eine

schwere geistige Behinderung beispielsweise zerstört nicht die Subjektivität.) Die Endlichkeit des Menschen zeigt Rahner zufolge, daß der Mensch kein absolutes Sicherkennen oder keine absolute Subjektivität darstellt, durch die das Sein im Ganzen wirklich ist. Den höchsten Seinsgrad realisiert allein Gott.

Die Endlichkeit des Menschen möchte Rahner näher beschreiben. Aus dem Wissen, das die Frage nach dem Sein im Ganzen voraussetzt, ergab sich die Einheit von Sein und Erkennbarkeit/Erkennen sowie das erkennende Beisichsein des Geistes. Aus dem Nichtwissen, das dieselbe Frage genauso voraussetzt, leitet Rahner – zunächst ganz abstrakt – das Gegenteil des Beisichseins ab: eben das Nicht-Beisichsein, das folglich auch als Gegenteil des Geistes definiert werden muß. Das Gegenteil des Geistes wird gewöhnlich die Materie genannt.

Materie versteht Rahner daher als das Nicht-Beisichsein des Geistes. Als tranzendentale Voraussetzung der Frage nach dem Sein im Ganzen hat sich damit die Materialität des Menschen erwiesen: daß der Mensch eben nicht nur Geist, sondern genauso leiblich, körperlich ist. Das Beisichsein des menschlichen Geistes ist daher nicht ohne dessen Hinwendung zur Materie zu verstehen. Rahner hat damit philosophisch durch die Analyse der Frage nach dem Sein bewiesen, daß der menschliche Geist nur über sein Anderes, über das Außersichsein, über die Materie, zu sich kommt und so Beisichsein ist. Diese Materiegebundenheit des Geistes bedeutet für den Erkenntnisvorgang Gebundensein an die Sinne. Geistiges Erkennen setzt (sich) notwendigerweise sinnliche Wahrnehmung voraus.

Mit diesen Überlegungen möchte Rahner einen Abschnitt aus der *Summe der Theologie* des Thomas von Aquin systematisch entfalten: Es handelt sich (vereinfacht gesagt) um die Frage, ob der menschliche Verstand etwas erkennen könne, ohne sich dabei zugleich an die sinnlich vermittelten *Phantasiebilder* zu wenden. Mit *Phantasiebildern* sind hier keine Bilder und Vorstellungen gemeint, die der menschlichen Phantasie oder den Träumen des Menschen entspringen. Gemeint sind die sogenannten *phantasmata*, d. h. die *Erscheinungen* oder *Bilder*, die man dank der Sinne von einem Gegenstand in sich hat. Thomas fragt also, ob es nicht vielleicht ausreichend sei, wenn sich der Verstand nur bereits in ihm befindlichen geistigen Erkenntnisinhalten, wie z. B. den Allgemeinbegriffen (Mensch, Tier, Gebäude, Obst), zuwenden würde, um zu erkennen; in diesem Fall des Erkennens scheint der Rückgriff auf *Phantasiebilder* von Gegenständen überflüssig zu sein. Die Antwort des mittelalterlichen Theologen fällt jedoch negativ aus: Jede Erkenntnis des Menschen erfolgt aufgrund einer Hinwendung des Verstandes zur sinnlichen *Erscheinung* eines Gegenstandes. Auch dann, wenn sich das Erkennen auf solche Gegenstände bezieht, die in der Vergangenheit wahrgenommen wurden, wendet es sich per Gedächtnis an die *Phantasiebilder* der einst wahrgenommenen Gegenstände.

Diese Bindung allen Erkennens an die Sinnlichkeit führt freilich zur Frage, die sich auch Rahner jetzt stellen muß: Wie ist es dann überhaupt möglich, daß der Mensch über das bloß Sinnliche hinausgeht und jene abstrakten, geistigen Allgemeinbegriffe bildet oder in gegenstandsunabhängigen Zahlen denkt oder an die Seele und Gott? Thomas von Aquin hatte zur Lösung dieser Frage den Begriff des *excessus* eingeführt: Der Mensch erkennt *„exzessiv"*, im Übergriff über alles. Wenn sich der Verstand den sinnlich vermittelten Erscheinungsbildern von Gegenständen zuwendet, dann geht er dabei zugleich über sie und alles Räumliche und Zeitliche hinaus auf das Sein im Ganzen. Andernfalls wäre eben nicht verständlich, wie der Mensch sich die Gegenstände als ihm gegenüberstehende Größen vorzustellen, d. h. vor sich hinzustellen vermag, wie er sogar Raum und Zeit als solche erfassen kann. Denn um *Etwas als Etwas* zu Erkennen, muß man über dieses Etwas immer schon geistig hinaus sein. Einen Wald erkennt man nur *als solchen*, wenn man an seine Grenzen stößt: wenn man auf ein Feld oder einen See hinausblickt. Solange man nur zwischen Bäumen herumläuft, weiß man noch nichts vom Wald, sondern eben nur von Bäumen. Genausowenig weiß ein Tier von der Zeit als solcher, weil es nicht geistig über die Zeit „hinausragt". Erst der Mensch vermag alle Zeit und Weltenräume in Frage zu stellen, weil sein Verstand über Zeit und Raum hinausgreift.

Dieser *„geistige Exzeß"* über alles hinaus ermöglicht zugleich eine Distanz des Menschen zu allem: Wer etwas in seiner Gesamtheit geistig vor sich zu bringen vermag (Bäume, Wälder, Raum, Zeit, die unendliche Menge aller Zahlen), weil er über dieses Etwas hinausgeht, unterscheidet sich auch zugleich von diesem Etwas. Er weiß, *ich* bin *ich,* und das *andere* bin nicht *ich,* das ist eben etwas *anderes.* Wiederum ergibt sich: ohne diesen *„Exzeß"* über das Endliche verfügt der Mensch über keinen bewußten Selbstbezug.

Rahner nennt diesen *„Exzeß"* des Geistes in Anlehnung an Heidegger *Vorgriff* und definiert mit diesem Wort zugleich die aktive Seite des menschlichen Verstandes (*intellectus agens* = tätiger Verstand).

Worauf zielt dieser Vorgriff? Wir wissen es schon: er geht nicht auf nichts, er geht auf das Sein im Ganzen. Würde der Vorgriff nur nichts ergreifen, dann hätte er sozusagen nichts zu greifen, er würde haltlos in sich zusammenbrechen – wie auch die Frage nach einem einzelnen Sachverhalt nur sinnvoll bleibt, wenn das Fragen des Menschen letztendlich auf ein Unhinterfragbares zielt, das sinnvolle Realität ist und nicht haltlose, sinnlose Leere.

Aber, so betont Rahner, der aktive Vorgriff auf Sein bleibt stets gebunden an den geistigen Zugriff auf etwas Konkretes, auf einen Gegenstand, der mittels der Sinne dem Menschen erscheint. Der Vorgriff auf Sein ist von einer *conversio ad phantasmata,* also von einer Hinwendung zu den sinnlich vermittelten *Erscheinungsbildern,* nicht loszulösen.

Mit diesen Überlegungen versucht Rahner schließlich – mit Kant und über ihn hinaus – die Möglichkeit für *Metaphysik* als Wissenschaft zu begründen, d. h. die Realität der Dimension, die jenseits (= *meta*) der *Physis,* der sinnlich erscheinenden Natur, kommt: das Feld des Geistigen, Allgemeinen, Notwendigen, Prinzipiellen. Ohne diesen Überstieg wäre es niemals möglich, wissenschaftlich von einer Welt als solcher, von der Seele, der Würde der Person, von Menschenrechten, letzten Werten oder von Gott zu sprechen.

Die Methode, durch eine deutende *Relecture* (= Wieder-Lesen) von Texten – hier der des Thomas von Aquin – ungeahnte Sinntiefen auszuloten und ans Licht zu bringen, hat Rahner von Heidegger gelernt.

Mit seiner Deutung der Erkenntnisphilosophie des Thomas von Aquin will Rahner nicht nur die Möglichkeit wissenschaftlicher Metaphysik und einer philosophischen Theologie erweisen. Es geht ihm – wie Thomas von Aquin – darum, mit philosophischen Mitteln zu zeigen, daß der Mensch in einer Weise auf Gott bezogen ist, daß auch umgekehrt sich Gott auf den Menschen beziehen kann in der Menschwerdung: daß es nicht „unvernünftig" ist, von der Möglichkeit einer Offenbarung Gottes durch das Medium Mensch für alle Menschen auszugehen.

Die vom Ersten Vatikanischen Konzil (1870) vorgenommene Dogmatisierung der Möglichkeit einer von der menschlichen Vernunft geleisteten philosophischen (*natürlichen*) Gotteserkenntnis hatte nach Rahner genau diesen theologischen Sinn: die Ansprechbarkeit des Menschen durch Gott als unverzichtbare Voraussetzung des christlichen Glaubens auch ganz offiziell lehramtlich festzuhalten. Andernfalls wäre ein Anspruch des Christentums auf Rationalität und intellektuelle Redlichkeit seiner Fundamente nicht zu begründen. Allenfalls als subjektive Gefühlssache oder psychologische Placebo-Pille gegen die unangenehmen Härten des Lebens könnten Glaube und Theologie eine – wohl kaum mehr überzeugende – Rolle spielen.

Die religionsphilosophischen Konsequenzen seiner Doktorarbeit entfaltet Rahner in seinem berühmten Buch *Hörer des Wortes.*

Hörer des Wortes und seine geistesgeschichtlichen Hintergründe

1941 erschien dieses Buch, das auf Vorlesungen zurückgeht, die Rahner für die Salzburger Hochschulwochen 1937 verfaßte. 1963 wurde es von seinem Schüler Johann Baptist Metz umfassend neu bearbeitet und erlangte in dieser Neufassung eine weite Verbreitung. Der inhaltliche Kern dieser Vorlesungen findet sich ebenso im ersten *Gang* des *Grundkurs des Glaubens* unter der bezeichnenden Überschrift *Der Hörer der Botschaft*.

Es scheint zunächst sinnvoll, den geistesgeschichtlichen Hintergrund von Rahners Überlegungen noch etwas weiter auszuleuchten, da dieser Hintergrund weder in *Hörer des Wortes* noch im *Grundkurs* ausführlich zur Sprache kommt. Zu erinnern ist auch an all das, was zum geistesgeschichtlichen Hintergrund der Philosophie Blondels gesagt wurde. Nicht nur die philosophische Erkenntnis der Existenz Gottes wurde durch die Philosophie Kants problematisch. Schon vom 17. Jahrhundert an hatten sich durch die Philosophie der Aufklärung große gedankliche Hindernisse davor aufgetürmt, mit Argumenten der Vernunft zeigen zu können, daß so etwas wie eine Offenbarung Gottes in der Menschheitsgeschichte überhaupt möglich ist.

In der Aufklärungsphilosophie bestritt man zwar nicht die Möglichkeit, einen philosophischen Gottesbeweis zu entwickeln, man bemühte sich sogar darum. Aber der Gott, der da bewiesen wurde, war oft nicht mehr als ein Baumeister der Welt, der, nachdem er einmal den Kosmos mit seinen Naturgesetzen erschaffen hatte, sich für immer zur Ruhe setzte und die Welt ihrem eigenen Gang überließ. Der lebendige Gott der Geschichte wurde so zu einem höheren Wesen umgedeutet, das man philosophisch bewies, mit dem man aber weder in der Menschheitsgeschichte noch in der eigenen Lebensgeschichte ernsthaft zu rechnen brauchte. Daß Gott zu Menschen spricht, sich offenbart, wurde in der Regel als naiver, kindlicher Mär-

chen- und Feenglaube abgetan. Und Wunder schienen geradezu den göttlichen Weltbaumeister in Frage zu stellen. Denn was sollen Wunder anderes sein, als eine nachträgliche Reparatur der von Gott gemachten Weltmaschine. Wenn wundersame Reparaturen der Weltmaschine notwendig sein sollten, dann würde dies doch für die Fehlerhaftigkeit und Unvollkommenheit des Produkts sprechen, das Gott mit der Welt hervorgebracht hat. Wer also weder Gottes Vollkommenheit und Können noch die Vollkommenheit der Weltmaschine in Frage stellen wollte, sollte lieber darauf verzichten, überhaupt von „Reparatur-Wundern“ bzw. von einem Eingreifen Gottes in den Entwicklungsgang der Natur oder in der Menschheitsgeschichte auszugehen.
In dieser Geisteshaltung konnte man Jesus allenfalls als Lehrer der Moral akzeptieren, wobei vorausgesetzt wurde, daß Jesus nur helfe, diese Moral in der eigenen Vernunft zu entdecken. An Jesus glauben als den wunderwirkenden Offenbarer und Sohn Gottes schien geradezu auf die Vergötzung eines galiläischen Lehrers wahrer Humanität hinauszulaufen.
Hinter dieser Abwehr des Glaubens an eine Offenbarung Gottes gegenüber Moses und in Jesus stand zudem die Überzeugung, daß Gott als das Absolute, Ewige, unveränderlich Wahre sich niemals in einer Welt zu zeigen vermag, in der alles nur relativ, zeitlich und veränderlich ist; wo heute etwas wahr ist, was morgen schon wieder falsch sein kann. Gott schien aufgrund seiner Eigenschaften grundsätzlich nicht in diese Welt und noch weniger in das zufällige, endliche und begrenzte Leben eines einzigen Menschen „hineinzupassen“. Sollte sich in der Tat die unendliche Fülle und Vollkommenheit Gottes in einem endlichen, vergänglichen und unvollkommenen Menschen darstellen können? Das mutete doch zu unwahrscheinlich an, klang unvernünftig.

Lessings *Graben* und *Ringparabel*

Ähnlich dachte der deutsche Dramatiker und Philosoph Gotthold Ephraim Lessing (1729–1781). Nur auf der Ebene der Vernunft, nicht mit Berufung auf bestimmte – letztlich immer zufällige – geschichtliche Ereignisse könne man eine gewisse Kenntnis von Gott gewinnen. Denn die Vernunft kann sich zumindest dem Notwendigen, Allgemeinen, Unveränderlichen, immer Gültigen öffnen und damit der Sphäre des Göttlichen nähern. Die Offenheit der Vernunft für das zeitübergreifende Allgemeingültige führt die Mathematik vor Augen. Daß eins und eins zwei ergibt, ist eine Wahrheit, die unveränderlich für den Neandertaler wie für den Menschen des Weltraumzeitalters gilt, für Hindu, Muslim und Christ, für Kapitalist und Kommunist – die sogar vor Gott besteht. Also nur das, was sich durch die Vernunft als übergeschichtliche, überzeitliche, überkulturelle Größe erkennen läßt, könnte zu Recht den Anspruch auf absolute, notwendige und immer gültige Wahrheit erheben. Der Gott aller Menschen darf deshalb allein als Gott der Vernunft, nicht aber als Gott der Geschichte begriffen werden.

Für Lessing stand daher fest, daß geschichtliche Ereignisse niemals die Grundlage für Wahrheiten sein können, die in Gott ihren Ursprung haben und wegen dieses Ursprungs für alle Zeiten gültig und maßgeblich sind.

Dieses Diktum findet sich in Gotthold Ephraim Lessings *Beweis des Geistes und der Kraft*, in: **Werke** (= Kurztitel), Bd. 8, hrsg. v. H. G. Göpfert, 1996, Nr. 12 f.

Bekannt geworden ist in diesem Zusammenhang sein Diktum: „*Zufällige Geschichtswahrheiten können der Beweis von notwendigen Vernunftwahrheiten nie werden.*" Den „*garstigen Graben*" zwischen diesen beiden Wahrheitsarten sieht sich Lessing außerstande, zu überspringen.

Weil es keine letzten, absoluten Wahrheiten in der Geschichte gibt, läßt sich nach Lessing auch nicht nachweisen, ob das Judentum, das Christentum oder der Islam zu Recht ihren Anspruch auf allgemeinverbindliche Wahrheit erheben.

Um zu illustrieren, daß man auf der Ebene zufälliger geschichtlicher Wahrheiten nicht entscheiden kann, ob etwas endgültig wahr ist und von Gott kommt, läßt Lessing in jenem dadurch berühmt gewordenen Drama *Nathan der Weise* (1779) eben diesen Nathan die sogenannte *Ringparabel* erzählen (276–280; 390–540). Ein reicher Fürst fühlt sich nicht in der Lage zu entscheiden, welchem seiner drei Söhne er sein Erbe anvertrauen soll. Da der Erbe dadurch ausgezeichnet werden soll, daß er vom Vater einen bestimmten Ring erhält, läßt der Vater in seiner Unentschiedenheit zwei getreue Kopien des Originalrings anfertigen. Er kann nun jedem Sohn einen Ring geben. Nach dem Tod des Vaters erheben alle drei Söhne mit jeweils ihrem Ring am Finger Anspruch auf das Erbe. Da die Kopien dem Original vollkommen gleichen, vermag niemand zu entscheiden, wer den Originalring erhalten hat. Auch ein erhofftes Wunder trifft nicht ein: Ein Richter meinte, der wahre Ring müsse den Träger vor Gott und den Menschen angenehm machen. Aber da kein Sohn von den anderen Söhnen in besonderer Weise geschätzt und geliebt wird, drängt sich dem Richter der Eindruck auf, daß jeder der Söhne sich nur selber liebe. Der Richter folgert, daß der wahre Ring schon vorher verloren ging und nur noch Kopien existieren.

LESSINGS ***Nathan der Weise*** findet sich in: Werke, Bd. 2, die ***Ringparabel*** wird im III. Aufzug, 7. Auftritt erzählt, Nr. 276–280, 390–540.

Lessing verdichtet in dieses Gleichnis seine religionsphilosophische Überzeugung, daß im Bereich der Geschichte, wo man alles nur auf Treu und Glauben von seinen Vätern übernimmt, keiner einen Beweis für die geschichtliche Gegenwart der absoluten Wahrheit Gottes zu erbringen vermag; kein Wunder ist behilflich. Die Vermutung, der wahre Ring sei womöglich ganz verloren gegangen, treibt die Problematik auf die Spitze: Historisch geht jede religiöse Wahrheit irgendwann verloren, wenn es sie denn jemals gegeben haben sollte. Jedenfalls läßt sich niemals erweisen, ob Judentum oder Christentum oder der Islam die wahre, von Gott begründete Religion ist. Oder, wer weiß, vielleicht sind alle Religionen nur Fälschungen – ?

Die Rettung der Religion kann nach Lessing nur darin bestehen, sie ohne Bezug zur Geschichte allein mit den Mitteln der Vernunft zu begründen. Eine allgemeine Menschheitsreligion,

die der Erziehung des Menschengeschlechts zum Besseren dient, gelte es zu entwickeln, um auch allen Religionskriegen ein Ende zu setzen!
Ähnlich wie Lessing interpretiert Kant die Offenbarungsreligionen: Wahr ist eine auf Geschichtsereignisse gründende Religion nur in dem Maß, in dem sie sich inhaltlich an der durch die moralische Vernunft begründeten allgemeinen Religion ausrichtet.
Es ist wohl nicht überzogen, festzustellen, daß den westlich geprägten Menschen der Gegenwart diese von Lessing, Kant und anderen formulierte Skepsis gegenüber dem Bekenntnis des Glaubens an Jesus als der absoluten Wahrheit Gottes innerlich bestimmt. Als waschechte Atheisten definieren sich nicht allzu viele Menschen. Aber an einen personalen Gott zu glauben, der sich ein für allemal in nicht mehr zu überbietender – also in absoluter – Weise in Jesu Leben geoffenbart und den Menschen geschenkt hat, fällt schwer. Zu zufällig erscheint doch das Leben Jesu: Warum soll es gerade *an diesem* sein, an dem sich das Verhältnis von Gott und Mensch ein für allemal entscheidet?

Der moderne Pluralismus

Moderne pluralistische Positionen verbannen das Absolute und Göttliche auch aus dem Bereich der Vernunft. Denn als Produkt der Vernunft verführt das erkannte und erfaßte Absolute zu weltanschaulichen Verabsolutierungen und inhumanen Totalitarismen, wie die Erfahrungen mit Nationalsozialismus und Stalinismus gelehrt haben. Das Präludium dieser Ideologien des Absoluten spielen die „Vernunftkriege“ im Gefolge der Französischen Revolution. Deren Resultate hatte man mit missionarischem Eifer exportieren wollen, ohne vor Gewalt und Mord zurückzuschrecken. Im Gegenzug entschieden sich viele Denker, nur eine relative, rein hypothetische Form von Wissen zuzulassen, obgleich diese Einschränkung selbst ganz und gar nicht hypothetisch ist, sondern eine uneingeschränkte, unbedingte Festlegung.

Diese gerafften Angaben zum geistesgeschichtlichen Hintergrund jeder Theologie in der Gegenwart und der religionsphilosophischen Überlegungen Rahners verdeutlichen nochmals die Wichtigkeit seines Anliegens, die Möglichkeit einer endgültigen Offenbarung Gottes in der Geschichte und in einem Menschen zu erhellen.

Die Zeitlichkeit und Räumlichkeit des menschlichen Bezugs auf Gott und des Bezugs Gottes zum Menschen

Wiederum ausgehend von der Frage des Menschen nach dem Sein im Ganzen entwickelt Rahner in *Hörer des Wortes* einen „Gottes- und Menschenbeweis": daß der Mensch Geist ist und daß Gott existieren muß.

Daß der Vorgriff des Menschen auf das Sein den Menschen als Menschen begründet, haben wir schon gesehen. Dieser Vorgriff scheint andererseits als transzendentale Bedingung die *Existenz* von etwas zu fordern, das das Sein, auf das der Vorgriff zielt, begründet und selber Sein in höchster Vollkommenheit ist. Andernfalls verlöre sich der Vor- und Übergriff über alles Endliche im Nichts und wäre daher von seinem Ziel her betrachtet ebenfalls nichtig, was aber offenbar nicht der Fall ist. Also: So real wie der Vorgriff müssen auch seine transzendentalen und apriorischen Bedingungen sein, erst recht die Letztbedingung: Gott.

Aus dem *Fragen* des Menschen leitet Rahner wieder das Nicht-Beisichsein des Menschen ab: dessen Bezogenheit auf die Materie. Aus dem Nicht-Beisichsein der Materie ergibt sich nach Rahner die Räumlichkeit und Zeitlichkeit des Menschen wie der Welt. Nicht-Beisichsein heißt soviel wie Aus-ein-ander-sein, Getrennt- und Verschiedensein; Materielles kann nicht alles auf einmal und zugleich sein, nicht an derselben Stelle. Materielles liegt neben-, über- und untereinander: Es ist räumlich. Im Materiellen kommt zudem alles immer nacheinander: Es ist zeitlich.

Der auf Sein und Gott vorgreifende Geist ist also wiederum ohne den Bezug zur Materie, zu Raum und Zeit nicht zu verstehen. Der Bezug des Menschen zu Gott ist demnach nicht allein Sache einer Vernunft, die oberhalb der Zeitflusses anzusetzen wäre, wie dies Lessing und ähnlich denkende Philosophen annehmen. Man kann den Menschen nicht in zwei Teile aufspalten: in einen geistig-übergeschichtlichen Teil und einen geschichtlich-leibhaften. Der Mensch ist *Geist in Welt* und insofern *durch* die Welt, *durch* Zeit und Raum auf Gott bezogen. Rahnerisch gesprochen: Der transzendentale Bezug auf Gott ist an Kategoriales gebunden.

Freiheit, die auf Gott bezogen Geschichte macht

Weiterhin führt Rahner aus, daß zum Geistsein des Menschen dessen Freiheit gehört: der freie Wille. Man ist z. B. frei, nach diesem oder jenem zu fragen, es zu wollen oder nicht. Wie wir gesehen haben, gewinnt der Mensch erst durch den Vorgriff Distanz zu allem und dadurch Wahlfreiheit. Die Taten, die der Mensch setzt und mit welchen er „Geschichte macht", sind demnach letztlich genauso – wie seine Erkenntnisvollzüge – auf Gott bezogen. Menschliche Geschichte ohne Bezug auf Gott ist folglich nicht denkbar. Die Geschichte, die der Mensch kraft seiner Freiheit macht, zeigt die konkrete Gestalt seiner Bezogenheit auf Gott.
Im *Grundkurs des Glaubens* ergänzt Rahner seine Überlegungen zur menschlichen Freiheit in der Hinsicht, daß er auch deren *Mitmenschlichkeit* reflektiert: Der Mensch realisiert seine Freiheit ja nicht nur im Bezug auf Gott, sondern auch im Bezug auf andere Menschen. Damit gehört zur Freiheit des einzelnen Menschen letztendlich ihre Bezogenheit auf die Freiheit aller anderen Menschen. Wenn also der einzelne Mensch dank seiner Freiheit Geschichte macht, dann geschieht dies im Bezug auf die Freiheit aller Menschen. Umgekehrt geht die durch Freiheitstaten gewordene Geschichte

wesentlich in die Freiheitsbetätigung des Einzelnen ein. Niemand fängt bei einem absoluten Nullpunkt an, wenn er etwas tut.
Rahner kommt es auf die Schlußfolgerung an, daß alle Menschen in ihrer *mitmenschlich* geprägten Freiheit auf Gott bezogen sind. Vernetzt durch ihre Freiheit sind alle Menschen *eins* und zugleich *geeint* in bezug auf Gott. Gott vermag so auch umgekehrt durch eine menschliche Freiheit – durch die menschliche Freiheit Jesu – für alle Menschen und ihren Freiheitsvollzug – erlösend – zu handeln.

Das Wort als Offenbarungsmedium

Daß sich der menschliche Geist – wiederum auf Gott beziehend – im Wort ausdrückt und auch umgekehrt für das – einen Gottesbezug einschließende – Wort anderer empfänglich ist, legt Rahner ebenso dar. Im Wort vergegenwärtigt sich der Mensch. In einem Aufsatz über die Bedeutung des Symbols sagt Rahner, das Wort sei Symbol für den menschlichen Geist (Schriften, Bd. 4, S. 275–311). Aufgrund des miteingeschlossenen Bezugs auf Gott wird ersichtlich, daß sich auch Gott seinerseits ins Wort des Menschen zu bringen vermag, und zwar durch einen Menschen, der sich anderen gegenüber im Wort vergegenwärtigt und so mitteilt.
Damit man „vernünftig“ von der Möglichkeit einer göttlichen *Offenbarung* sprechen kann, muß Gott sich selber *offenbar* sein, d. h. er muß imstande sein, sich selbst zu erkennen und zu erfassen, er muß seiner selbst bewußt sein; er muß darum Geist und Person genannt werden können. Nur eine personale Wirklickeit, die um sich selbst weiß, kann dieses Wissen um sich selbst auch anderen mitteilen. Und dieses Wissen um sich wird insbesondere im Wort mitgeteilt. Das Wort ist *Offenbarung* des sich selbst *offenbaren* Geistes. Das ist in bezug auf den Menschen zu sagen; und das ist erst recht in bezug auf Gott zu sagen. Gott ist, so Rahner, als intensivstes Sein absolute Subjekti-

vität, unendliches Beisichsein. Gottes unendliches Beisichsein kann sich im Wort darstellen, offenbaren. Und Gott kann sein göttliches Wort in ein menschliches hineinsprechen, weil das menschliche Wort offensteht für das göttliche Wort – ist das menschliche Wort doch Offenbarung des menschlichen Geistes, der nur er selbst ist im Bezug auf Gott, der also empfangsbereit ist für Gottes Selbstoffenbarung.

Der freie und verborgene Gott

Als personaler Geist muß Gott auch über einen freien Willen verfügen. Den Nachweis, den Rahner dafür in *Hörer des Wortes* erbringt, ist nicht gerade einfach darzustellen und nachzuvollziehen. Rahner macht auf zwei, scheinbar widersprüchliche Voraussetzungen der menschlichen Frage nach dem Sein im Ganzen aufmerksam: Wie schon erläutert, erkennt man an der *Frage* nach dem Sein im Ganzen die Endlichkeit und Begrenztheit des Menschen. Ein anderes Wort für Endlichkeit ist Zufälligkeit, d. h. etwas Endliches ist nicht notwendig, es muß nicht unbedingt existieren, es ist nur zufällig da. Die Seinsfrage setzt folglich die Nichtnotwendigkeit und Zufälligkeit des Menschen voraus. Andererseits kann der Mensch der Frage nach sich und allem niemals ausweichen. Sie stellt sich unausweichlich, mit Notwendigkeit. Es ergibt sich: Mit *Notwendigkeit* bestätigt die Seinsfrage die *Zufälligkeit* des Menschen. Ja, die *Zufälligkeit* des Menschen provoziert die *Notwendigkeit* der Seinsfrage.
Dieser Beobachtung entnimmt Rahner, daß das Zufällige ohne Bezug auf das Notwendige nicht zu begreifen ist, daß das Zufällige eben nach dem Notwendigen ruft, nach diesem verlangt, um überhaupt möglich und wirklich zu sein. Weil aber der zufällige Mensch nicht sich selbst zum Grund seines eigenen zufälligen Daseins erklären kann, muß ein absolut Notwendiges angenommen werden, welches das zufällige Dasein *begründet*: Gott.

Dieses *Begründen* des Zufälligen bezeichnet Rahner als Akt der Bejahung und Setzung und damit als einen willentlichen Vollzug. Zu dieser Bezeichnung weiß er sich berechtigt, weil auch die Seinsfrage bereits eine Bejahung und einen willentlichen Vollzug darstellt. Nach dem Sein fragend spricht der Mensch ein Ja zu seiner Zufälligkeit. Man könnte auch etwas psychologisierend sagen: Der Mensch muß seine eigene Endlichkeit annehmen, was einem willentlichen Akt gleichkommt. Diese Annahme ist also einerseits etwas Notwendiges und doch andererseits ein Akt des Willens und der Freiheit.
In der Notwendigkeit der freien, willentlichen Selbstannahme des Menschen zeigt sich nach Rahner ein Nachvollzug der Tat, die notwendig ist, damit Zufälliges überhaupt existiert: der Nachvollzug der willentlichen Tat des Schöpfers. Er nimmt das Endliche an, indem er es zur Existenz bringt.
Aus diesen Überlegungen ergibt sich für Rahner: Gott ist absoluter Wille. Es ergibt sich ebenso, daß Gott kraft seiner Freiheit ursprünglich verborgen sein muß und sich offenbarend aus dieser Verborgenheit entbirgt. Gott ist der freie Unbekannte, der sich kraft seiner Freiheit bekannt machen kann. Diese in der Freiheit gründende Verborgenheit Gottes verleiht der Rede von einem Offenbarwerden Gottes erst die innere Logik.
Vom Menschen und von Gott her hat Rahner damit die Möglichkeit einer Offenbarung Gottes im Sinn einer endgültigen Selbstenthüllung und Selbstmitteilung Gottes erschlossen. Diese Überlegungen ergänzt er immer wieder.

Gott als Person und unser analoges Sprechen von Gott

Im zweiten Gang des *Grundkurses* bedenkt Rahner, wie man Gott eigentlich Wille, Erkenntnis und Personsein zuspricht. Denn es ist klar, daß bei Gott Erkenntnis, Wille und Personsein nicht einfach dasselbe besagen wie beim Menschen. Rahner weist darauf hin, daß Gott nicht Person ist wie wir.

Zur menschlichen Person gehört deren Abgrenzung von anderen. Diese Abgrenzung signalisiert zugleich die Begrenztheit und Endlichkeit der menschlichen Person.
Gottes unendliches, unbegrenztes Personsein, so Rahner, gewinnt hingegen nicht erst durch Abgrenzung von der Welt seine Konturen. Um die Ähnlichkeit und noch viel größere Unähnlichkeit zwischen göttlichem und menschlichem Personsein und damit die Art und Weise unseres Sprechens über Gott näher zu erläutern, greift Rahner auf eine klassische Unterscheidung sprachlicher Logik zurück: Es hat sich ergeben, daß man nicht *univok*, d.h. im gleichen Sinn, von der menschlichen und der göttlichen Person sprechen kann. Es gibt keine „gleichsinnigen" oder *univoken* Begriffe von Gott und Mensch. Selbst wenn man höchst abstrakte Begriffe wählt, wie „Sein" – da man scheinbar in univoker Weise sagen kann „eine menschliche Person *ist* und auch Gott *ist*" – so ist das *Sein* des Menschen und das *Sein* Gottes doch niemals gleichartig. Der Mensch empfängt sein Sein von Gott; Gott ist immer selbst sein Sein.
Andererseits kann es auch nicht so sein, daß jede Eigenschaft, die wir Gott zusprechen, derart verschieden von unserer Erfahrung ist, daß unser Reden von Gott jede Aussagekraft einbüßt. „Personsein" darf also nicht zu einem *äquivoken* Begriff verkommen. Ein *äquivoker* Begriff bleibt nur dem zufälligen Wortklang nach gleich, wenn er auf verschiedene Gegenstände bezogen wird und bringt deshalb keine Ähnlichkeit zwischen den Gegenständen zum Ausdruck. Das Wort „Schimmel" läßt sich auf den Schimmelpilz beziehen und genauso auf ein weißes Pferd. Aber die Wortgleichheit gründet in keinerlei Ähnlichkeit zwischen Pilz und Pferd. Wenn man von Gott als Person spricht, dann soll es sich natürlich nicht nur um eine zufällige Wortgleichheit handeln, die nichts über eine Ähnlichkeit zwischen göttlichem und menschlichem Personsein zur Sprache bringt.
So bleibt nach Rahner und der theologischen Tradition allein die Möglichkeit, von Gott *analog* zu sprechen. Analoges Sprechen pflegen wir beispielsweise, wenn wir einem Begriff

verschiedene Bedeutungen geben, die dennoch in einem inneren Zusammenhang stehen: Wenn man von Karl dem Großen spricht, dann meint man damit nicht im univoken Sinn die Körpergröße dieses Kaisers, sondern seine historische Bedeutung. Das Adjektiv „groß" erhält einen übertragenen – *analogen* – Sinn. Aber dieser analoge Sinn knüpft dennoch an den gewöhnlichen an. Nicht zufällig hat man deshalb in der Kunst die historische Bedeutung einer Person dadurch zum Ausdruck gebracht, daß man sie größer darstellte als andere Personen, die um sie herumstehen. Weil es eine Sinnähnlichkeit zwischen räumlicher Größe und historischer Bedeutsamkeit gibt, versteht man die Bezeichnung Karls als eines Großen überhaupt.

So muß es auch eine Seinsähnlichkeit des menschlichen und göttlichen Personseins geben, damit die Rede vom göttlichen Personsein nicht sinnlos wird. Das Wort „Personsein" muß eine analoge Bedeutung haben, die sich auf Gott hin aussagen läßt. Er muß etwa über einen Selbstbezug verfügen wie auch der Mensch, wenngleich in unendlich intensiverer Weise und ohne Bezogenheit auf Materielles (ohne *conversio ad phantasma*).

Um zu erklären, wie wir generell analoge Begriffe bilden können, verweist Rahner auf die unbegrenzte Dynamik des menschlichen Geistes, der alles Endliche und Begrenzte zu übersteigen vermag. In diesem geistigen Überstieg unseres Geistes gewinnen alle unsere Begriffe bereits eine über das bloß Endliche hinausgehende Bedeutung; sie werden analog, d. h. jetzt: sie werden aus den Grenzen des Endlichen ins Unendliche überhöht, gesteigert. Rahner unterstreicht, daß diese unbegrenzten analogen Begriffe gegenüber den univoken sogar primär sind, da auch wir erst im Vorgriff auf das Unbegrenzte das Begrenzte zu erfassen vermögen. Als Menschen würden wir geradezu analog, das Endliche übersteigend, existieren.

In diesem Überstieg erfassen wir zuerst den Sinn von *Erkennen* in analoger, unbegrenzter Weise: das reine Beisichsein, das nicht mit Notwendigkeit auf das Materielle bezogen, inso-

fern nicht unbedingt endlich und begrenzt sein muß, und deshalb auch von Gott ausgesagt werden kann.
Ebenso ist das *Wollen* Gottes in analoger Weise zu denken. So wie das Erkennen Gottes nicht auf Materielles bzw. auf etwas anderes als er selbst bezogen ist, sondern reines Beisichsein ist, so ist auch sein Wille „selbst-bezogen" und insofern anders als bei uns Menschen. Bei uns Menschen ist der Wille in einem bestimmten Sinn begrenzt und endlich, da er sich ursprünglich auf anderes, nämlich auf andere Menschen und unsere Umwelt, richtet. Das liegt daran, daß wir uns als endliche Wesen nicht selbst genug sein können; wir brauchen andere, sind ergänzungsbedürftig. Wir sind vor allem nicht selbst das höchste vollkommene Gut, das allein ganz zufrieden machen könnte und keine Wünsche mehr offen ließe. So ist auch all das, was wir für gewöhnlich erstreben, nicht das höchste Gut, sondern immer nur begrenzt wertvoll. Deshalb wollen wir auch stets immer mehr, etwas Neues und anderes. Letztlich aber wollen wir nichts Geringeres als Gott. Denn er allein ist das unendliche und höchste Gutsein selbst. Nur mit Gott bekommen wir genug. Gott allein genügt, sagt die hl. Teresa von Ávila. Weil Gott aber das höchste Gutsein ist, genügt er sich selbst. Sein Wille richtet sich – zu Recht – immer auf sich selbst: auf sein unendliches Gutsein. Wegen dieser „Selbstbezogenheit" wird Gott nicht zum Egoisten. Etwas Besseres, Vollkommeneres, Wertvolleres als das unendliche Gutsein kann man eben gar nicht anstreben. Und wer das höchste Gutsein will, tut das am meisten Gute, Beste, Wertvollste – so auch Gott. Auf sein Gutsein hin erschafft, will und liebt Gott auch Welt und Mensch. Weil wir auf Gott und auf sein unendliches Gutsein hin geschaffen sind, richtet sich all unser Streben – wenngleich meistens unausdrücklich – auf sein Gutsein. Weil also unser Wille auf Gottes Gutsein bezogen ist, weil unser endlicher, begrenzter Wille wegen dieses seines Bezogenseins auf das unendliche und unbegrenzte Gutsein Gottes – von diesem seinem Ziel her – ebenfalls unendlich und unbegrenzt ist, nur darum können wir überhaupt den aus unse-

rem endlichen Dasein gewonnenen Begriff „Wille“ auf das unbegrenzte und unendliche Leben Gottes – analog – übertragen. Zugleich wissen wir um den Unterschied zwischen dem Willen Gottes und dem unsrigen, weswegen wir nicht in derselben (univoken) Weise vom göttlichen und menschlichen Willen sprechen können.

Auch das Personsein des Menschen ist in einer Hinsicht unbegrenzt – wie der menschliche Wille. Unser Personsein besagt „Selbständigkeit und Unvertretbarkeit durch andere“, ist ein – wenn auch nicht absolutes – *Aus-sich-sein.* Weil dieser unbegrenzte Sinn von Personsein gewissermaßen aus dem endlichen, begrenzten Menschseins herauszuschälen ist, kann er auf Gottes unbegrenztes Sein – analog – bezogen werden: Gott ist absolute Person, reiner Selbstand, radikales Aus-sich-sein.

Einwände

Weil Rahner den Begriff *Person* vorwiegend in Verbindung bringt mit den Begriffen *Beisichsein, Subjektivität* und *Aussichsein,* wurde er immer wieder kritisch hinterfragt. Daß *Person* ein *Bezogensein-auf* einschließt, schien bei Rahner zu kurz zu kommen. Eben daraus ergäben sich auch Rahners Bedenken, den Personbegriff in der Trinitätslehre zu verwenden (siehe S. 172 ff.), weil dieser Begriff Vater, Sohn und Geist zu einzelnen, selbständigen Subjekten erklären würde, womit die Einheit Gottes nicht mehr gewahrt bliebe. Nur auf den einen, nicht dreifaltig gedachten Gott könne man Rahners Personbegriff anwenden.

Aber schon nach Lk 10,27 f. darf man Selbst-, Nächsten- und Gottesliebe nicht gegeneinander ausspielen, ebensowenig die Selbstbezogenheit und Selbstlosigkeit Gottes. *Aus-sichsein, Selbstand, Subjektivität, Beisichsein* des Personseins treten darum nicht in einen Gegensatz zur Dimension der Beziehung. Auch der „einpersönlich“ gedachte Gott ist Beziehung: reine selbstlose Selbstbezogenheit. Und Rahner

läßt keinen Zweifel daran, daß zur menschlichen Person deren Bezogenheit auf andere Personen gehört.
Allerdings kennzeichnet dieser Bezug *auch* die Endlichkeit des Menschen. Dieser Sachverhalt wird mitunter von der Kritik an Rahner ausgeblendet. Und wir existieren andererseits nicht als bloße Beziehung auf andere: Sterben unsere Eltern, verschwinden wir nicht ebenso von der Bildfläche. Wir stehen eben in uns, sosehr wir auch ohne Beziehung zu anderen Personen nicht unser eigenes Personsein hätten. Wer sein Personsein annimmt und bejaht, sagt daher *ja* zu seinem Selbstand, der zugleich bezogen ist auf andere Personen.
Auch können, wenn man *philosophisch* beginnt, von Gottes Personsein zu sprechen, noch nicht die göttlichen Personen bedacht werden, die, in der Tat – im Unterschied zu menschlichen Personen – als reine Beziehungen zu denken sind. Rahner hebt hervor, daß bei der philosophischen Erkenntnis des göttlichen Aussichseins zumindest einschlußweise eine Eigenschaft des göttlichen Vaters miterfaßt wird: Denn der Vater ist in der Tat nur aus sich, nicht so der Sohn und Geist. Da jedoch der Vater nicht dadurch Vater ist, weil er ganz aus sich ist, sondern weil er vor allem einen Sohn hat, deshalb erkennt man mit dem philosophisch gedachten Person- und Aussichsein Gottes nur eine Eigenschaft der ersten göttlichen Person, die diese nicht in grundlegender, entscheidender Weise charakterisiert.
An diesem Beispiel wird aber deutlich, daß Rahner das philosophisch gedachte Personsein Gottes – das Aussichsein – nicht gegen die Dimension der Beziehung und Bezogenheit ausspielt, so sehr er den Akzent auf das Aussichsein und subjektive Beisichsein setzt.

Der Vorgriff als Angriff?

Ein zweiter Einwand gegen Rahners Philosophie soll nicht unerwähnt bleiben: Die Rede vom Vorgriff des Geistes auf das Sein im Ganzen wurde als eigenmächtiger Eroberungszug des Menschen gedeutet, der vor allem für die überraschende Begegnung mit dem Du keinen angemessenen Platz läßt.

Es ist einzuräumen, daß Rahner vom menschlichen Subjekt her denkt; die neuzeitliche Geisteshaltung, die er mit der scholastischen Philosophie und Theologie ins Gespräch bringen will, rät ihm dazu. Daher überwiegen von seinen ersten Veröffentlichungen an Begriffe und Vorstellungen, die sehr die Aktivität des Subjekts betonen, auch dann noch, wenn es um das Empfangen von äußeren Eindrücken geht. Auch den unbegrenzten Horizont der Frage nach dem Sein kann Rahner als Setzung des Subjekts bezeichnen.

Hängt alles vom Subjekt und seinen Setzungen ab, kann man in der Tat fragen, wie es möglich ist, daß in diesen unendlichen Bannkreis des Subjekts ein selbständiges, unabhängiges Du oder das absolute Du Gottes eintritt.

Der jüdische Philosoph Emmanuel Lévinas (1906–1995) oder auch Hans Urs von Balthasar dachten genau umgekehrt: Das Subjekt des Menschen wird zunächst von der Außenwelt „überfallen", vom Du angesprungen und ungefragt in Beschlag genommen. So nur wird das Subjekt aufgesprengt und geöffnet für etwas wirklich anderes, welches das Subjekt nicht schon vorab auf sein Maß hin festgelegt hat.

Vgl. hierzu **Hans Urs von Balthasar**, *Theologik 1: Wahrheit der Welt*, (1947) 1985, S. 43–49; siehe auch auch oben S. 30 f..

Wenn aber in der Tat Selbst- und Nächstenliebe keine Gegensätze darstellen, dürfte auch die Eigenaktivität des Subjekts sowie die Aktivität der Objektwelt und des anderen Du auf das Subjekt hin grundsätzlichen keine Gegensätze aufwerfen.

Doch bevor wir weitere Antworten auf den letzten Einwand suchen, soll das Problem nochmals weiter zugespitzt werden: Rahner leitet den Nachweis der Möglichkeit einer endgültigen Offenbarung Gottes aus der Analyse der Frage nach dem Sein im Ganzen ab. In *Geist in Welt* unterstreicht er, daß „keine Antwort über den Horizont hinausreicht, den die Frage zuvor schon eingegrenzt hat" (Werke 2, S. 56 f.). Auch diese Aussage provoziert die Anfrage, ob Gottes Offenbarungswort an den Menschen dann nicht unüberwindliche

Hans Urs von Balthasar, *Glaubhaft ist nur Liebe*, 1963, S. 19–32.

Hans Urs von Balthasar, *Herrlichkeit. Eine theologische Ästhetik 1: Schau der Gestalt*, 1961, S. 118.

Grenzen gezogen werden. Hans Urs von Balthasar glaubt in Rahners Religionsphilosophie die Gefahr zu erkennen, daß sie eine *anthropologische Reduktion* und Relativierung der Offenbarung heraufbeschwört. Balthasar sieht demgegenüber im Überwältigtwerden von der unverhofft sich manifestierenden Wucht und Herrlichkeit Gottes in der Gestalt Jesu den entscheidenden Ansatzpunkt der Theologie. Einer religionsphilosophischen Klärung vorab, ob, wo und wie sich Gott offenbart, zieht er deshalb recht enge Grenzen. Man fragt sich, ob Rahner nicht in der Tat den Menschen zum Maß aller Dinge – und auch zum Maß für Gottes Offenbarungstat macht. Oder nochmals im Blick auf den Vorgriff des Geistes formuliert: Verleitet der *Vorgriff* auf das Sein im Ganzen nicht gedanklich zum *Angriff* und *Übergriff* auf Gott, zum *Eingriff* in Gottes Freiheit?

Das Anstößige liegt ja zunächst in Rahners Formulierung, die Seinsfrage grenze den Rahmen möglicher Antworten a priori ein, also auch Gottes Antwort auf die Frage, die sich der Mensch selbst ist. Was aber grenzt die Seinsfrage wirklich ein, oder man müßte besser fragen: Was grenzt sie aus? Sie grenzt nur das aus, was nicht zum Sein im Ganzen gehört. Zum Sein im Ganzen gehört alles, was irgendwie *ist*; nur das, was *nicht* ist, gehört nicht dazu. Die Seinsfrage grenzt also das Nichts als Antwort aus; sie spannt somit einen Rahmen auf, in den alles paßt, was *ist*. In diesem Sinn steht die Seinsfrage für den wahrhaft unbegrenzten Horizont des Menschen, der eben nur von Gott selbst ausgefüllt werden kann.

Da auch die Offenbarung Gottes etwas ist, *das ist*, da sie Leben und Fülle für den Menschen besagt und alles andere als nichtig sein möchte, fügt sie sich ebenso in den unbegrenzten Seinshorizont des Menschen ein, ohne durch diese Einfügung begrenzt zu werden. Rahner kann die Offenbarung gar nicht auf eine vermeintliche Enge des menschlichen Maßes zurückstutzen, weil dieses Maß unbegrenzt und das Gegenteil jeder Enge ist. Mit anderen Worten: der Mensch hat *an sich* – d.h. von seiner Sündhaftigkeit abgesehen – das unbegrenzte Maß

Gottes. Deshalb *kann* der Mensch an sich in der Tat das Maß aller Dinge sein, auch für eine Offenbarung Gottes.
Aus der *Endlichkeit* des Menschen, die die *Frage* nach dem Sein hervortreten läßt, folgert Rahner zudem, daß es für den menschlichen Geist unmöglich ist, a priori bestimmte Vorkommnisse im Horizont des Seins auszumachen oder zu bestimmen. Der Vorgriff auf das Sein im Ganzen legt nur a priori fest, daß das, was sich ereignet, *seinshaft* sein muß.
Vor dem Hintergrund dieser Präzisierungen müßte jetzt verständlich werden, daß Rahner sozusagen auch für das Du genügend Platz im Horizont des Vorgriffs schafft – ja unendlich viel Platz. Das Subjekt tritt dem anderen Du mit dem unendlichen Maß unbegrenzter Weite und Offenheit entgegen. Deshalb kann das Du ebenso das Ich des Subjekts prägen, bestimmen – ohne Einschränkung.
Weiterhin: Das *Setzen* oder Sichvoraussetzen des unbegrenzten Seinshorizontes in der Frage nach Sein versteht Rahner nicht als eigenmächtige Tat des Menschen. Die von Rahner erläuterte Verbindung von Vorgriff und *conversio ad phantasma*, von Setzung des Horizontes und Hinkehr zur Welt wie Mitwelt, demonstriert, daß sich die Aktivität des Vorgriffs ebenso der sich dem Menschen zeigenden Welt und Mitwelt verdankt. Mehr noch: Nach *Geist in Welt* ist das Ziel des Vorgriffs, das Sein, zugleich dasjenige, was den Vorgriff ermöglicht (Werke 2, S. 56). In anderen Schriften wie auch im *Grundkurs* bezeichnet Rahner das Sein nicht nur als *Woraufhin* des Vorgriffs, sondern auch als dessen *Wovonher*. So kommt es durch die Begegnung mit der endlichen Realität zur „Seinsempfängnis“ des Geistes (Grundkurs, S. 45). Der Vorgriff geht a priori auf Sein, wie er auch gleichursprünglich a posteriori vom Sein herkommt, sich ihm verdankt. Im Vorgriff auf das zugleich empfangene Sein ist der Mensch offen für Gottes *seinshafte* Offenbarung.
Diejenigen Theologen, die eine gedankliche Vereinnahmung Gottes und seiner Offenbarung durch eine Religionsphilosophie im Stile Rahners befürchten, müssen dennoch – die Annahme der Offenbarung im Glauben vorausgesetzt – dar-

legen, wie der Mensch – auch von sich aus – auf die Offenbarung bezogen ist. Würde man in ähnlicher Weise wie nach jenem Zwei-Stockwerk-Denken es als unmöglich erachten, eine derartige Beziehung zu formulieren, bliebe wiederum unklar, wie der Mensch etwas mit der Offenbarung zu tun bekommen kann, ohne seine wesenhafte Identität zu verlieren. Balthasar und ihm nahe stehende Theologen haben deshalb ebenso religionsphilosophische Überlegungen entwikkelt, wenngleich sie sie nicht als Resultat einer eigenständigen Philosophie qualifizieren. Nachträglich, nachdem die Offenbarung den Menschen sozusagen gefesselt und entrückt hat, bedenkt Balthasar, was da passiert ist und welche Voraussetzungen im Menschen gegeben sein müssen, damit man sich von Gottes Offenbarung im Glauben mitreißen lassen konnte. Und natürlich steht auch bei Rahner die Religionsphilosophie ganz im Dienst der Theologie der Offenbarung. Unbeschadet des unterschiedlichen Ansatzes von Rahner und Balthasar gibt es daher dennoch manche parallelen Argumentationsformen (Schulz, S. 720–737).

So wundert es vielleicht doch nicht, daß der Schweizer Theologe – trotz aller Vorbehalte – über Rahners *Hörer des Wortes* urteilte, die darin entwickelte These, daß der Mensch als Mensch vor dem Gott einer möglichen, frei sich ereignenden Offenbarung stehe, sei „der Kern des wohl schönsten Buches Karl Rahners". Auch in einer frühen, 1941 erschienenen Besprechung von *Hörer des Wortes* hatte sich Balthasar anerkennend geäußert (Balthasar, Rez. Rahner).

HANS URS VON BALTHASAR, *Theologik 2. Wahrheit Gottes*, 1985, S. 107.

Die Geschichtlichkeit des Denkens

Die Überarbeitung von Rahners Religionsphilosophie durch Johann Baptist Metz stellte den offenbarungstheologischen Rahmen und Anlaß von *Hörer des Wortes* deutlich heraus. Metz trägt mit seiner Überarbeitung Rahners Überlegungen zum übernatürlichen Existential Rechnung: daß jeder Mensch in seiner Existenz unter der göttlichen, über die menschliche Natur hinausgehenden, also übernatürlichen Gnadenwirkung Gottes steht. Diese universale Wirksamkeit der Gnade begründet Rahner damit, daß die Gnade eben von keinen menschlichen Voraussetzungen, Leistungen oder Werken abhängig ist und deshalb jeden Menschen mitbestimmt, mag er dies nun erahnen oder verdrängen, bewußt glauben oder entschieden zurückweisen.

Indem Rahner (bzw. Rahner durch Metz) die theologischen Vorgaben seiner Religionsphilosophie eigens bedenkt und bedenken läßt, unterstreicht er, daß jedes Denken, auch dasjenige, das in jeder Hinsicht grundsätzlich ohne irgendwelche Voraussetzungen beginnen möchte, dennoch in einem geschichtlichen Zusammenhang steht, dem es sich verdankt. Ein völlig voraussetzungsloses Denken ist dem Endlichen, durch die Menschheitsgeschichte geprägten Menschen wohl nicht möglich: Das In-der-Welt-sein des menschlichen Geistes ist unbedingt ernst zu nehmen.

So veranlaßt etwa die in der Geistesgeschichte des Westens bedeutsam werdende Bestreitung der Möglichkeit einer endgültigen Offenbarung Gottes christliche Denker zu einer Religionsphilosophie, die wiederum diese Bestreitung zu bestreiten versucht. In einer bestimmten geistesgeschichtlichen Situationen sind zudem bestimmte Argumente leichter zugänglich als in einer anderen. Einzelne Aspekte treten deutlicher hervor, andere zurück.

Die Entdeckung der Geschichtlichkeit des Denkens verdankt sich einer solchen besonderen geistesgeschichtlichen Situation. Andererseits hängen derartige Entdeckungen nicht radikal von ihren äußeren Umständen ab, so daß das einmal Entdeckte wieder verloren gehen könnte oder in seinem Wahrheitsgehalt völlig bestritten werden müßte. Bspw. wird die Behauptung: „Der Mensch ist ein ganz und gar ungeschichtliches Wesen“ auch in Zukunft kaum als ernstzunehmende These vorgetragen werden können.

So wird verständlich, daß für Rahner weder die geschichtliche Veranlassung noch die gnadenhafte Prägung des Menschen Recht und Sinn einer Religionsphilosophie aufheben. entscheidend bleibt, daß die einzelnen Gedankenschritte philosophierend gesetzt werden und daher für die philosophische Vernunft nachvollziehbar bleiben.

Diese Vernunft ist allerdings auch noch in einem ganz unmittelbaren Sinn geschichtlich bestimmt. Für Rahner ist evident, daß das Argumentieren des einzelnen Menschen ebenso von seiner persönlichen Einstellung zur Wahrheitsfrage abhängt. Nur ein inneres Engagement in der Wahrheitsfrage entspricht deren Niveau. Es geht schließlich um die umfassende Selbstdefinition des Menschen. Ihr kann niemand ausweichen; faktisch nimmt sie jeder durch seine Freiheitsentscheidungen vor. Um die Definition des Menschen mit den Mitteln der Vernunft in einer existentiell angemessenen Grundhaltung entwickeln zu können, betont Rahner: „Philosoph kann nur sein, wer geistig in Tempeln und Klöstern wohnt“ (Werke 4, S. 162).

Der offenbarungs-theologische Rahner

Wer nach der Wahrheit *mit sich selbst* und seiner ganzen Person sucht, wird auch die eigenen moralischen Defizite entdecken, vielleicht auch eine bereits vorhandene Schwerkraft, die den Willen dazu verleitet, die Wahrheitssuche aufzugeben und sich in das Getriebe des Alltags zu verlieren. Heidegger spricht von der Uneigentlichkeit des Daseins.

Rahner bedenkt darum den Hörer des Wortes Gottes als denjenigen, der immer auch von moralischen Defiziten belastet und in Schuld verstrickt ist, so daß der menschliche Wille zur Wahrheit kränkelt und schwächelt. Der *dritte Gang* des Grundkurses trägt die Überschrift *Der Mensch als Wesen der radikalen Schuldbedrohtheit.*

Alle Menschen werden Sünder

Wegen des In-der-Welt-seins des Menschen kann Rahner das Handeln des Menschen als situationsgebunden beschreiben. Diese Situationsgebundenheit bleibt dem Menschen nicht äußerlich; sie prägt ihn innerlich. Die Situation wird durch die Freiheit anderer bestimmt, durch deren Entscheidungen. Insofern hat alles, was einer tut, immer auch eine Bedeutung für alle. Zwar hebt die Tatsache, im eigenen Freiheitsvollzug durch die Entscheidung anderer entsprechend situiert zu sein, keineswegs die wesenhafte Freiheit des Einzelnen auf. Aber aus der Unzerstörbarkeit der menschlichen Freiheit folgt eben nach Rahner nicht, daß sich ein Einzelner auf eine „Insel" zurückziehen könnte, um sich der Vernetzung mit allen Menschen zu entziehen und situationsungebunden zu handeln.

Wie angedeutet, dient Rahner der Gedanke von der Situationsgebundenheit und universellen Vernetzung aller Menschen in ihrem Freiheitsvollzug dazu, die christlichen Erbsündenlehre verständlich zu machen – und damit ebenso die von der entschiedenen Wahrheitssuche wegziehende Schwerkraft im menschlichen Willen.

Vgl. KARL RAHNERS zusammenfassenden Lexikonartikel ***Erbsünde***, in: Taschenlexikon Bd. 2, S. 155–164.

Mit diesen Überlegungen zur Erbsünde verläßt der *Grundkurs* den Bereich der überwiegend philosophisch geführten Argumentation. Denn Rahner läßt keinen Zweifel daran, daß die Erkenntnis der erbsündlichen Bestimmung des Menschen erst mit Blick auf das Heil in Christus Jesus ganz erfaßt werden kann. Die Gnade des Heils läßt das Ausmaß der Ungnade abschätzen, in die sich die Menschheit hineinmanövriert hat.

Das Alte Testament entwickelt in der Tat noch keine Erbsündenlehre. Erst in den späten alttestamentlichen Schriften (Weisheitsliteratur) wird die Geschichte vom Sündenfall aus dem Buch Genesis reflektiert, um den Zustand des gegenwärtigen Menschen begreiflich zu machen. Bei Paulus gewinnt die Vorstellung der universellen Schuld aller Menschen seit Adam an Präzision. Offenbar greift Paulus bei seiner Theologie der Sünde auch auf parallel entwickelte Vorstellungen im Judentum seiner Zeit zurück, obgleich das Judentum keine eigentliche Erbsündenlehre hervorbringt. Weil Paulus um das universelle Heil in Christus weiß, muß er die radikale und universelle Erlösungsbedürftigkeit aller Menschen herausstellen. Universell heißt: seit den Anfängen der Menschheit, also seit Adam. Die paulinische Theologie lieferte daher die wichtigsten Bausteine für die Theologie der Erbsünde.

Rahner weiß jedoch, daß die Erbsündenlehre bei vielen Menschen auf Widerstand stößt. Sie scheint der Selbstbestimmung und Freiheit des einzelnen Menschen zu widersprechen (siehe S. 101). Besagt sie nicht, fremde Schuld werde anderen in die Schuhe geschoben? Oder dient sie nicht auch als Entschuldigung für eigene Untaten? Oder fällt die Schuld nicht auf Gott zurück, der den Menschen eben so geschaffen hat, daß er zum Sünder werden konnte?

Eine weitere Schwierigkeit ergibt sich aus der Evolutionstheorie. Diese scheint der klassischen dogmatischen Behauptung den Boden unter den Füßen wegzuziehen, wonach alle Menschen von der Schuld Adams betroffen sind, weil alle von Adam abstammen (vgl. Apg 17,26), von einem einzigen ersten Menschenpaar. Man geht in der Paläanthropologie hingegen von mehreren tausend ersten Menschen aus. Viele Forscher sprechen sich zudem dafür aus, daß der Übergang zum Menschsein an verschiedenen Orten der Erde zu verschiedenen Zeiten erfolgt sei.

Schließlich ergab die genauere Erforschung der biblischen Erzählung vom Sündenfall, daß man sie nicht als Reportage eines urzeitlichen Geschehens mißverstehen darf.

Der klassische *Monogenismus*, nach dem alle Menschen von einem ersten Menschenpaar abstammen (*mono* = ein; *genos* = Abstammung, Geschlecht), brach allem Anschein nach in sich zusammen. Wegen der Bedeutung des Monogenismus für die Erbsündenlehre und wegen der massiven Infragestellung dieser Vorstellung von verschiedenen Seiten vermutete Rahner im Vorfeld des Zweiten Vatikanums, daß man den Monogenismus eigens dogmatisieren werde, was jedoch nicht geschah.

Zum ***Monogenismus*** vergleiche RAHNERS Aufsatz: *Theologisches zum Monogenismus*: in Schriften, Bd. 1, S. 253–322.

Keiner der aufgelisteten Anfragen an die Erbsündenlehre ist Rahner ausgewichen. Wie gesagt, möchte er mit dem Gedanken der Vernetzung aller Menschen miteinander in ihrem situationsgebundenen Gebrauch der Freiheit die Einheit der Menschheit begreiflich machen; es gibt nur eine Geschichte der Menschheit. Erst recht ist diese Einheit dadurch gegeben, daß alle Menschen dieselbe Natur haben – auch biologisch betrachtet. Wenn der Mensch ein Wesen der Transzendenz ist, was ebenso den Freiheitsvollzug betrifft (siehe S. 114f.), dann liegt es auf der Hand, daß schon die Tat eines einzelnen für das Gottesverhältnis anderer von Bedeutung sein kann.

Rahner kann sich ebenfalls auf das biblische Zeugnis berufen, nach dem Gott den Menschen als Gemeinschaftswesen erschaffen hat, als Mann und Frau, als den, der ohne andere in vielerlei Hinsicht nicht existieren kann.

Diese *Sozialität* (= Gemeinschaftlichkeit) des Menschen, argumentiert Rahner, benutzt Gott, um sein eigenes dreifaltiges Leben in der Gemeinschaft von Vater, Sohn und Geist als Vollendung der menschlichen Freiheit und Sozialität anzubieten: Durch die Erwählung einzelner, z. B. Abrahams, segnet Gott alle Geschlechter.

In ähnlicher Weise, so gibt Rahner mit der theologischen Tradition zu bedenken, ist Adam erwählt, der Mittler der paradiesischen Gottesfreundschaft für alle Menschen zu sein. Versagt er in dieser Mittlerfunktion, fehlt allen Menschen die Gnade dieser Gottesfreundschaft.

Dieses Manko beschreibt Rahner als negatives *Existential* menschlicher Existenz. Wegen dieses Existentials ist der Mensch nicht so, wie er von Gott her sein soll. Der Mensch bleibt im „Soll" gegenüber Gott; die Antwort auf Gottes Freundschaftsangebot in einem Akt vollkommenen Glaubens, vollkommener Hoffnung und Liebe bleibt aus. Die Tatsache, daß jeder Mensch die von Gott her mögliche Antwort in Glaube, Hoffnung und Liebe schuldig bleibt und bleiben muß, unabhängig von eigenen Anstrengungen oder Sünden, legt das *Sündersein* des Menschen offen.

Rahner betont mit Nachdruck, daß nur in einem übertragenen, analogen Sinn bei der Erbsünde von einer Sünde die Rede ist. Es geht nicht darum, daß uns die persönliche Sünde Adams in die Schuhe geschoben wird. Für eine persönliche Untat trägt jeder selbst die Verantwortung. Aber die von Adam nicht weitervermittelte Freundschaft mit Gott schwächt jeden Menschen grundlegend, weshalb jeder Einzelne vor Gott steht, wie er nicht sein sollte. Wer aber ist nun Adam? Nachdem sich der naturwissenschaftliche Konsens gefestigt hatte, daß die Menschheit mit einer Vielzahl von Individuen ihren Anfang nahm, entwickelte Rahner die Idee einer Ursprungsmenschheit, in der der Sündenfall geschieht und den Gang der weiteren Menschheitsgeschichte bestimmt. Den Monogenismus wandelte er zum *Polygenismus* (*poly* = viel) oder auch *Monophyletismus* ab, nach dem alle Menschen aus einem ersten Stamm hervorgehen (*phylum* = Stamm).

Das Problem schien sich nochmals zu verschärfen, als die bereits erwähnte These des Polyphyletismus an Boden gewann, nach der die Menschheit aus mehreren Stämmen zu verschiedenen Zeiten entstanden und erst allmählich zu einer Einheit zusammengewachsen sein soll. Manche glauben jedoch wieder, die genetische Einheit zumindest der rezenten Menschen (*Homo sapiens sapiens*) auf einen einheitlichen Ursprung, der nur relativ wenige Individuen umfaßt, zurückführen zu müssen.
Für Rahner bleibt letztendlich entscheidend, daß sich irgendwo die Ursünde ereignete. Die von Gott allen Menschen durch den Mittler Adam zugedachte Freundschaft (heiligmachende Gnade) wurde nicht angenommen und diese Freundschaft darum nicht zum bestimmenden Existential des Menschen.
Die so massiv in Frage gestellte Einheit der Menschheit begründet Rahner ebenso ganz *theo*-logisch: Die Menschheit ist eine, weil sie ihren einen, einenden Ursprung in Gott hat. Ebenso ist sie geeint nach dem Heilsplan Gottes. Auf diese Einheit der Menschheit hin kann ein erster Mensch oder eine Urmenschheit für alle Menschen handeln, wie auch immer der biologische Zusammenhang und Stammbaum der Menschheit ausgesehen haben mag.
Rahner beschäftige sich in verschiedenen Aufsätzen ebenso mit der Frage, welche Auswirkungen die Ursünde im Menschen hat. Er hebt hervor, daß der Verlust der Gottesfreundschaft den ganzen Menschen aus seinem Gleichgewicht bringt. Denn das Personsein des Menschen, das innerlich auf die frei geschenkte Gemeinschaft mit Gott angelegt ist, verliert durch die Ursünde an innerer Dynamik auf dieses Ziel hin. Dadurch geraten andere Kräfte, die zuvor dank dieser auf Gott bezogenen Dynamik in geordneter Weise auf Mitmensch, Welt und das eigene Sein ausgerichtet waren, in Unordnung. Sie beginnen ein Eigenleben zu führen. Der Mensch fühlt sich plötzlich hin und her gerissen und nicht selten verleitet, Dinge zu tun, von denen er an sich genau weiß, daß sie nicht gut sind (vgl. Röm 7,19: „Ich tue nicht das

Gute, das ich will, sondern das Böse, das ich nicht will"). Der Verlust an Dynamik in der Ausrichtung auf Gott schlägt um in eine Dynamik weg von Mitmensch und wahrem Selbst.

Die Folge der Ursünde, das innere Chaos im Menschen, hat die klassische Erbsündenlehre als *Konkupiszenz* beschrieben, als *Begehrlichkeit*. Rahner macht deutlich, daß das Begehren an sich eine positive Kraft im Menschen ist. Der Verlust ihrer klaren Ausrichtung auf Gott verunstaltet diese jedoch zu einem ungeordneten Begehren, der Begehrlichkeit, die den Menschen zu unmoralischen Taten verführt.

Vgl. dazu den wichtigen Aufsatz von KARL RAHNER, *Zum theologischen Begriff der Konkupiszenz* in: Schriften, Bd. 1, S. 377–414.

Die Erbsünde lähmt ebenso die Entschiedenheit, sich der Frage nach der Wahrheit aller Wirklichkeit zu stellen. Der Mensch wird merkwürdig schwerfällig. Das Halbdunkel der Halbentschiedenheit oder Gleichgültigkeit paßt besser zum Menschen im Schatten der Ursünde. Darum werden auch schon philosophische Überlegungen, die den Menschen in seine Verantwortung vor Gott und vor die Würde des anderen Menschen führen wollen, lieber nicht mitgegangen, wenn in ihrer Konsequenz eine Änderung des eigenen Lebensstils liegt.

Weil die dynamische Ausrichtung auf Gott durch die Ursünde geschwächt ist, treten auch Aspekte, die nach Rahner zur Endlichkeit des Menschen gehören, wie Krankheit, Leiden und Tod, als sinnlose, zerstörerische Mächte hervor. Diese Mächte scheinen die Sinnlosigkeit des ganzen Lebens zu besiegeln. In Wahrheit aber offenbaren sie die Sinnlosigkeit der Sünde und der Trennung von Gott als Quell des Lebens. Rahner ist davon überzeugt, daß der Mensch den Tod anders erleben würde, wenn er in der paradiesischen Gemeinschaft mit Gott stünde. Gehalten in der Gottesfreundschaft wäre der Tod als sinnvolles *Ende* erfahrbar, auf das hin der Mensch durch seine Freiheitstaten seinem Leben eine unverwechselbare Gestalt gibt. Der Tod würde zur ewigen Voll-*end*-ung der eigenen Geschichte gehören, deren Sinnhaftigkeit aber nicht radikal bedrohen. Auch ein durch Krankheit verkürztes oder behindertes Leben würde man nicht als Grund für eine Anklage des Schöpfers verstehen, sondern als ein ebenfalls von Gottes Freundschaft erfülltes Leben. Das negative Existential der Ursünde begreift Rahner als eine geschichtlich bedingte Bestimmung des Menschen. Diese negative Bestimmung wird jedoch überlagert von einem anderen, positiven Existential: von dem Angebot der Gottesfreundschaft, die aber nicht mehr durch Adam, sondern durch den neuen Adam, Christus, vermittelt wird.

Kann man Gott erfahren?

Im *vierten* und *fünften* Gang des *Grundkurses* bedenkt Rahner dieses durch Christus gegebene positive *übernatürliche Existential* des Menschen weiter. Entgegen der schultheologischen Form der Gnadenlehre, die Rahner in Valkenburg kennenlernte und eine alltägliche Erfahrung der Gnade – und damit Gottes selbst – bestritt, möchte Rahner den westlich geprägten Menschen auf Erfahrungen dieses Existentials aufmerksam machen. Er nennt solche Erfahrungen auch *transzendentale* Erfahrungen. Gemeint sind Erfahrungen, die die transzendentalen Bestimmungen (siehe S. 76 f.) des menschlichen Subjekts enthüllen. Rahner denkt jetzt jedoch nicht an transzendentale Bestimmungen, die philosophisch zugänglich sind: z. B. das Beisichsein des Menschen oder die Transzendenzbewegung des menschlichen Geistes. Er meint eine von Gottes Selbstmitteilung am menschlichen Subjekt hervorgebrachte Bestimmung, wie eben jenes *übernatürliche Existential.* Das Adjektiv *transzendental* deutet zudem an, daß es sich bei diesen Gnadenerfahrungen nicht um eine gegenständliche, *kategoriale* Erfahrung handelt. Eine *kategoriale* Erfahrung ist beispielsweise die, daß die Sonne den eigenen Körper erwärmt oder daß das Schreiben bzw. Lesen dieser Zeilen ermüden kann. Weil diese transzendentalen Erfahrungen ungegenständlich sind, können sie auch leicht übergangen werden. Kurz gesagt geht es bei diesen Erfahrungen um Erfahrungen der personalen Offenbarkeit Gottes – als Heiliger Geist – und seiner unmittelbaren Nähe.

Rahner spricht von der Einsamkeit, die eine Erfahrung Gottes (oder des Geistes Gottes) vermitteln kann: „wenn alles Einzelne wie in eine schweigende Ferne hinein sich zurückzieht und darin sich auflöst, wenn alles fraglich wird, ... wenn die Stille dröhnt, eindringlicher als der übliche Alltagslärm“, dann läßt sich die Herkunft allen Seins aus einem unauslotbaren Geheimnis ahnen, das die Antwort aller Fragen in sich birgt.
Eine weitere Erfahrung, die den Menschen über den Bereich bloß endlicher Gegenstände und Belange hinaushebt in die nicht mehr umfaßbare unendliche Weite, die auf Gott verweist, erkennt Rahner in dem Phänomen der Verantwortung: Wenn man plötzlich sich selbst „seiner Freiheit und *Verantwortung* überantwortet erfährt, ... die das ganze Leben umgreift, keine Ausflucht mehr zuläßt, keine Entschuldigung“, wenn weder Beifall noch Anerkennung erhofft werden können, wenn man inne wird, daß man in seinem Leben „vor der schweigenden, unendlichen Verantwortung steht, die ist und uns nicht untertan ist, das Innerste und das Unterschiedenste von uns zugleich“, und deshalb „noch da ist, wenn wir diese Verantwortung leugnen und ihr davonlaufen“ – immer dann, wenn diese Erfahrung unbedingter Verantwortung gemacht wird, begegnet der Mensch Gottes unbedingter Wahrhaftigkeit, ja dem, was man das „Gericht“ Gottes nennt (Schriften, Bd. 9, S. 168 f.).
Im Sinne Rahners könnte man auch an die Präambel des Deutschen Grundgesetzes von 1949 denken: „Im Bewußtsein seiner Verantwortung vor Gott und den Menschen ... hat das Deutsche Volk ... dieses Grundgesetz ... beschlossen.“ Die Anrufung des Namens Gottes signalisiert die auf Gott selbst verweisende unbedingte, nicht zu manipulierende Verantwortung, die den Menschen verpflichtet und die allein den unverfügbaren Grund von menschlichen Grundrechten darstellen kann.
Immer wieder bedenkt Rahner das Phänomen menschlicher Liebe. Auch in diesem Phänomen scheint ein Überschuß, ein Mehr spürbar zu werden, wodurch die Liebe zum Verweis auf Gottes Liebe und die gnadenhafte Annahme des Men-

schen wird: Um die eigene Endlichkeit und Begrenztheit wissend, müsse man „selig" erschrecken, wenn „man in der Liebe absolut, bedingungslos angenommen wird". D. h., der endliche eigene Wert scheint ein unbedingtes, ja unendliches Engagement der anderen Seite nicht rechtfertigen zu können. Aber auch umgekehrt, wenn man selbst liebt „in unbegreiflicher Kühnheit" und dabei „die gewußte Fragwürdigkeit des anderen" überspringt, spürt man eine Dynamik, die über den Bereich des Endlichen hinaustreibt. In der unbedingten Bewegung auf den anderen hin greift der Mensch offenbar über die Sphäre des Endlichen hinaus und greift auf einen unendlichen Grund vor, der zu unbedingter Liebe befähigt, weil dieser unendliche Grund im anderen Menschen gleichnishaft aufblitzt und dem anderen deshalb – unbeschadet dessen Endlichkeit – eine unbedingte, quasi-unendliche Attraktivität verleiht. Bild und Gleichnis Gottes nennt das erste Buch der Heiligen Schrift den Menschen (Schriften, Bd. 9, S. 169).

Man könnte zur Verdeutlichung dieses Sachverhalts nochmals das Deutsche Grundgesetz in Erinnerung rufen. *Denkt* man den bekannten ersten Artikel der Grundrechte „Die Würde des Menschen ist unantastbar" philosophisch weiter, so ist die Schlußfolgerung unausweichlich, daß im endlichen, begrenzten Menschen Unbedingtes, eben Unantastbares, ja Heiliges aufscheint, das dem profanen Zugriff entzogen ist: daß also Gott im Menschen eine deutliche Spur gelegt hat, die zu ihm, Gott, als Ursprung alles Unbedingten und Unantastbar-Heiligen führt. Der Gesetzgeber räumt damit ein, daß das Grundgesetz auf Einsichten aufbaut, die dem gesetzten Recht vorausliegen und nicht durch das Gesetz selbst begründet werden können.

Zu diesem Thema vgl. den wichtigen Aufsatz RAHNERS *Über die Einheit von Gottes- und Nächstenliebe* in: Schriften, Bd. 6, S. 277–298.

Unbedingte Liebe bestätigt in besonders klarer Weise diesen unendlichen und unantastbaren Mehrwert des Endlichen Menschen. Der Mensch ist Verweis auf Gott; dem Menschen begegnen heißt Gott begegnen.

So wird auch nochmals verständlich, daß Rahner zu Recht versucht, die Nächstenliebe bereits als eine Weise der Gottes-

liebe zu begreifen – und umgekehrt: Gott kann durch den anderen und dessen selbstlose, unbedingte Liebe sich selber dem Menschen mitteilen.
Wegen dieser Unendlichkeit des Menschen ist „Christus" möglich: der Mensch, in dem Gott ganz für die Menschheit als Liebe und Heil „da" ist.
Wird der Mensch seiner eigenen Unfaßbarkeit inne, der Unmöglichkeit, sich selber abschließend in eine gut verwendbare Formel zu pressen, dann erfährt der Mensch erneut an und mit sich selbst, daß er etwas Geheimnisvolles ist. Der Mensch als Geheimnis wird sich nach Rahner zum Selbst-Verweis auf das unendliche Geheimnis Gottes, das erst recht nicht definitorisch zu erfassen ist.

Vgl. RAHNERS Lexikonartikel ***Geheimnis*** in: Taschenlexikon, Bd. 2, 375–380.

Wenn Rahner immer wieder vom *Geheimnis* spricht, so meint er damit keinesfalls etwas Mysteriöses, etwas Geheimes oder ein Rätsel. Ein Rätsel kann man „knacken" und auflösen, ein *Geheimnis* nicht. Die Dimension des Geheimnisses ist nur direktem Zugriff entzogen, jedoch in analoger Sprechweise (vgl. S. 117 ff.) zugänglich. So entspricht die Rede vom Geheimnis – zumal vom Geheimnis Gottes – keiner Denkfaulheit oder theoretischen Verlegenheit. Das Geheimnis ist etwas höchst Rationales: Es verweist die Vernunft in allen ihren Detailfragen und -untersuchungen auf ihr Woher und Woraufhin: auf Gott.
Eine Erfahrung des göttlichen Geheimnisses vermittelt für Rahner ebenso der Tod: Unerbittlich demonstriert er, daß der Mensch sich eine einzige Frage sein muß, die er sich selbst nicht ohne weiteres zu beantworten vermag. Der Tod führt den Menschen vor ein unendliches Geheimnis, von dem er sich eine Antwort erhofft. Der Tod scheint nur in einem vertrauensvollen Sichanvertrauen an das unendliche Geheimnis bestanden werden zu können. Trotziger Protest, Verdrängung, Resignation oder Panik lösen das Problem des Todes nicht, schon deshalb nicht, weil erst der Tod den Handlungen des Menschen Endgültigkeit verleiht und so der Tod unausweichlich im Alltag „da" ist. Ähnlich wie Heidegger

vernimmt Rahner im Tod den Ruf, sein Leben vor sich zu bringen, es in seiner nunmehr überschaubaren Größe anzuschauen und als Chance zu begreifen, ihm in letzter Verantwortung durch die Freiheit Gestalt zu geben. Insofern reißt der Tod den unendlichen Horizont auf, der es ermöglicht, die eigene Endlichkeit als solche zu begreifen: der Tod verweist über die Grenze, die er darstellt, auf das Jenseits der Grenze, auf ein Geheimnis.

Zu **Heideggers** Bedeutung für Rahner vgl. S. 25 und S. 144.

So sehr der Tod den Menschen aber zu sich ermächtigt, entmachtet er auch: die Ganzheit des Lebens, die das Ende des Lebens ermöglicht, zerstört der Tod offenbar wieder; niemand vermag sich dagegen zu wehren. Darum wird der Tod als zweideutig erfahren. Die mit dem Tod verbundene Ohnmacht anzunehmen weiß Rahner nur dann gelingen, wenn man sich wiederum vertrauensvoll dem unendlichen Geheimnis überantwortet.

Zum Thema **Tod** verfaßte RAHNER einen gleichnamigen Lexikonartikel in: Taschenlexikon, Bd. 7, S. 279–284.

Aber auch Freude, beglückende Erlebnisse verweisen nach Rahner auf das Geheimnis Gottes: Freude und Glück erscheinen als Erlebnisse, von denen man wünscht, sie mögen nicht vergehen; man wünscht sich die Ewigkeit des Glücks. Andererseits weiß man, Glück ist im letzten nicht machbar; der Wunsch nach Glück wird nicht zum Befehl, so daß es zwangsläufig eintritt. Glück schenkt sich oft unverhofft, scheint einer Fügung zu entspringen, über die man selber nicht verfügt. Die Erfahrung des Glücks führt so zur Wahrnehmung eines Geheimnisses, dem es entspringt als Verheißung auf ein Glück ohne Ende.

Wer sich den Grunddaten der eigenen Existenz nicht verweigert, davon ist Rahner überzeugt, wird Gott als unsagbares Geheimnis erfahren können, das alles Leben umschließt, das Innerste von allem ist und zugleich als das von allem radikal sich unterscheidende Äußerste allen Seins hervortritt. Daß das absolute Geheimnis sich als der Gott enthüllt, der sich dem Menschen schenkt und erfüllt, wird erst von Christus her zur Gewißheit des Glaubens.

Seelsorge hat für Rahner die Aufgabe, den Menschen auf die Präsenz Gottes als Geheimnis aufmerksam zu machen und zum Glauben an die Selbstzusage dieses Geheimnisses in Jesus hinzuführen.

Weltgeschichte und Heilsgeschichte

Die Selbstmitteilung des göttlichen Geheimnisses gilt, wie erläutert, allen Menschen. Als übernatürliches Existential bestimmt Gottes Selbstmitteilung den Existenzvollzug eines jeden. Auf diese Weise wird der jeden Menschen einschließende Heilswille Gottes Realität am und im Menschen. Wenn der Mensch daher durch seine Freiheit, die durch Gottes offenbarende Nähe bestimmt ist, Geschichte macht, so folgert Rahner, muß man auch die ganze Weltgeschichte als Heils- und Offenbarungsgeschichte verstehen.
Die Geschichte des Unheils – des negativen Existentials der Ursünde – und des durch eigene Taten hervorgebrachten Bösen ändert daran nichts. Das Böse ist immer nur als *nein* zu Gottes Selbstmitteilung möglich. Einen Geschichtsraum, der nicht mit Gott zu tun hat, gibt es nicht. Weltgeschichte und Heilsgeschichte sind für Rahner deshalb nicht als zwei voneinander abgegrenzte Sphären zu betrachten; sie sind vielmehr zwei Aspekte der einen Geschichte Gottes mit dem Menschen.

Transzendentale und kategoriale Offenbarung

Rahner spricht in diesem Zusammenhang ebenso von der *transzendentalen Offenbarung*. Er meint damit eben jene an den menschlichen Geist sich richtende und ihn durchdringende Selbstmitteilung Gottes. Wie aber der menschliche Geist seine eigenen transzendentalen Voraussetzungen nur zu erschließen vermag, wenn er etwas Konkretes, wenn er vor allem durch ein ihn zuerst ansprechendes Du zur Erkenntnis seiner selbst geführt wird, so bedarf auch die transzendentale Offenbarung der konkreten Begegnung mit der kategorialen Erfahrung, um erkannt und bewußt geglaubt zu werden: Erst von Christus her ist die alle Menschen umfassende unbedingte transzendentale Offenbarung überhaupt bekannt, real und wirksam. Die nicht mehr zu überbietende Einheit des transzendentalen und kategorialen Aspektes der Offenbarung in Christus kennt allerdings viele Vorstufen und Annäherungen. Die auf Christus hinweisenden vorläufigen Kategorialisierungen haben allerdings keine eigenständige Heilsbedeutung. Das universelle Heil ist das Heil Christi.

Mit diesen Begriffen *transzendentale* und *kategoriale Offenbarung* geht Rahner mehrere theologische Probleme an – und schafft sich, so seine Kritiker, viele neue.

Die Heilschance der anonymen Christen

Rahner kann mit dem Begriff der transzendentalen Offenbarung verständlich machen, daß es eine Heilschance außerhalb des ausdrücklichen Bekenntnisses zum Christentum gibt. Er versucht so dem „Heilsoptimismus", den er für „eines der bemerkenswertesten Ergebnisse des Zweiten Vatikanischen Konzils" hält, eine geeignete theoretische Form zu geben (Schriften, Bd. 10, S. 535). Es handelt sich um den Begriff vom „anonymen Christen".

Alle Menschen können – zumindest von Gottes Angebot seiner selbst her gesehen – als anonyme Christen gelten. Wie schon erläutert (siehe S. 63 f.), ist anonyme Christlichkeit nur möglich durch Jesus selbst, der den allgemeinen Heilswillen verwirklicht. Dieser allgemeine Heilswille stellt sich dar in der transzendentalen Offenbarung. Transzendentale Offenbarung heißt, daß sich Gott als Heil jedem Menschen zuwendet und dadurch auch einen Nichtchristen auf Christus und die Kirche hin ausrichtet: auf die kategoriale Offenbarung, das Christusereignis, das durch die Kirche gegenwärtig bleibt und durch sie den Menschen vermittelt wird. Damit diese Ausrichtung ans Ziel kommt, zum ausdrücklichen Bekenntnis an den dreieinen Gott, sind Mission sowie Umkehr und Taufe notwendig. Ohne die Ausrichtung auf ihre kategoriale, im Bekenntnis besiegelte und in einem christlichen Leben für Gott und den Nächsten verwirklichte Annahme des Höhepunkts der kategorialen Offenbarung in Christus kann die Heilswirksamkeit der transzendentalen Offenbarung nicht gedacht werden – ebensowenig ist die Rede vom allgemeinen Heilswille bzw. von der transzendentalen Offenbarung gegen die Heilsbedeutsamkeit des Lebens und Sterbens Jesu auszuspielen (siehe S. 153 ff.).

Die Religionen der Menschheitsgeschichte erlangen nach dieser Konzeption eine gebührende Würdigung, die ebenfalls das Zweite Vatikanische Konzil ausspricht *(Lumen gentium* 16, *Nostra aetate* 1–5, *Gaudium et spes* 22, *Ad gentes* 7*)*. Diese Würdigung fällt um so größer aus, je mehr eine Religion sich inhaltlich – kategorial, konkret – der transzendentalen Offenbarung, wie sie kategorial in Christus manifest ist, nähert.

Grundsätzlich aber untersteht jede Weltanschauung diesem Kriterium. Die Heilschance im Marxismus beispielsweise hängt ebenso davon ab, inwieweit etwa ein Marxist durch gelebte Nächstenliebe auf Gottes Heilsangebot reagiert und sich somit faktisch auf Christi Lebenseinsatz für alle Menschen bezieht. Die transzendentale Offenbarung drängt nämlich dazu, daß sich der Mensch möglichst dem annähert, was Nachfolge Christi ist. Und zur Nachfolge Christi gehört auch, die Ablehnung der Offenbarung mitzutragen, die sündhaft verfehlten Realisierungen der transzendentalen Offenbarung mitzutragen, so wie Christus mit seinem Kreuz die Sünde der Welt trägt. Zum Ergreifen der Heilschance, die die transzendentale Offenbarung eröffnet, gehört immer eine implizite Form der Kreuzesnachfolge. Eine Heilsmöglichkeit am Kreuz vorbei gibt es nicht.

Nikolaus Schwerdtfeger bereinigte in seiner Doktorarbeit *Gnade und Welt* (1982, S. 43–46, 363–380) das Mißverständnis Balthasars (Cordula, S. 102–109), der in der Theorie vom anonymen Christen ein Überspringen von **Kreuz und Kreuzesnachfolge** sah.

Glaubenserkenntnis als Gnade

Rahner möchte noch einen weiteren theologischen Sachverhalt klären helfen, der ansatzweise schon zur Sprache kam (siehe S. 94 ff.). Biblisch und theologisch wird die gläubige Annahme der Offenbarung Jesu nicht primär als eine Tat des Menschen betrachtet; Glaube ist Gnade. Wäre die Annahme der Offenbarung allein eine Tat des Menschen, würde das Offenbarungswort auf ein rein menschliches Maß reduziert. Das Wort Jesu an die Jünger beispielsweise „Ohne mich könnt ihr nichts tun" (Joh 15,5) belegt, daß die Annahme der kategorialen Offenbarung in Jesus nochmals ermöglicht und mitgetragen werden muß durch Gottes Zuwendung: also, so Rahner, durch die transzendentale Offenbarung.

Natürlich soll damit nicht gesagt werden, daß der Mensch erst durch die transzendentale Offenbarung eine Offenheit für Gottes kategoriale Offenbarung in Jesus „anerschaffen" bekomme und an sich für Gott und sein Wort völlig verschlossen und taub sei. Rahners Religionsphilosophie versucht das Gegenteil zu zeigen: Insofern das Maß des menschlichen Geistes die Unbegrenztheit Gottes ist (siehe S. 102–107, 119, 122–126), reduziert der Mensch von sich aus auch das Wort Gottes nicht auf ein Niveau, auf dem sich Gottes Wort in ein rein menschliches Wort verwandeln würde. Das menschliche Wort ist gerade offen für Gottes Wort. Dennoch muß der Geist des Menschen für das Verständnis des nun auch wirklich gesprochenen Wortes Gottes innerlich disponiert werden. Wieso?

Ein Grundsatz der Erkenntnistheorie lautet, daß eine Gleichheit bestehen müsse zwischen dem Niveau des Erkennenden und dem Erkenntnisgegenstand. Ein Hund beispielsweise kann keinen Menschen als Menschen (Personwürde, Kulturwesen) erkennen, weil das Erkennen des Hundes nicht das Niveau des Erkenntnisgegenstandes *Mensch* erreicht. Die in *Hörer des Wortes* entfaltete Vorstellung von einer allgemeinen Offenheit des Menschen für Gottes Wort will verständlich machen, daß der Mensch grundsätzlich für das Niveau des Unbegrenzten und Göttlichen offen ist – so ähnlich wie unser

Auge grundsätzlich offen ist für das Licht der Sonne. Aber wenn sich Gott auf den Menschen nun auch faktisch, sich offenbarend, zubewegt, dann kommt damit ein Niveau ins Spiel, das zwar nicht jenseits der allgemeinen menschlichen Offenheit für Gottes Wort liegt, das aber doch etwas Neues darstellt, für dessen Annahme der Mensch disponiert werden muß. Obwohl z. B. unser Auge offen ist für das Licht, so muß die Sonne dennoch, wenn sie sich uns zu Erkennen geben will, das Licht mitbringen, durch das wir sie sehen können: Sie muß uns durch ihr Strahlen erleuchten, unsere Augen licht und gewissermaßen „sonnenhaft" machen und uns so ihrem Niveau angleichen, um sich uns zeigen zu können. So muß auch Gott in die allgemeine natürliche Offenheit des Menschen für sein Offenbarungswort sein übernatürliches Licht hineinfallen lassen, damit sein kategoriales Wort, das er endgültig in Christus, der „Sonne der Gerechtigkeit", spricht, diesem Wort gemäß vernommen werden kann.
Dieses übernatürliche Licht ist – biblisch gesprochen – der im Menschen wirkende Heilige Geist; er läßt in Jesus Gottes Wort und Sohn erkennen. Auch dieses übernatürliche Licht nennt Rahner den transzendentalen Aspekt der Offenbarung: Sie ist die im Subjekt gegebene transzendentale Möglichkeitsbedingung für Annahme der kategorialen Offenbarung.
Unschwer ist zu erkennen, daß Rahner mit dem kategorialen und transzendentalen Aspekt der in Gott gründenden Offenbarung die Selbstmitteilung der Dreifaltigkeit formuliert: Die Offenbarung hat ihren Ursprung in Gott, dem Vater; sie kategorialisiert sich und wird *Objekt* im menschgewordenen Sohn; sie wird angenommen im Heiligen Geist, der das menschliche *Subjekt* transzendental dazu befähigt.

Einwände

Rahners *Transzendentaltheologie* warf und wirft Fragen auf: Führt der Gedanke von der transzendentalen Offenbarung nicht zu einer Abwertung der kategorialen: der unüberbietbaren Manifestation Gottes in Jesus Christus? Wenn Rahner die kategoriale Offenbarung als Veranschaulichung (Objektivation) der transzendentalen versteht, sagt er dann sozusagen: Das Entscheidende ist immer schon transzendental gelaufen? Hat das Kreuz Jesu nur noch einen illustrativen Wert? Informiert Jesus mit seinem Leben also nur noch über das *übernatürliche Existential*?

Bei aller Akzentuierung des transzendentalen Aspekts, zu der sich Rahner auch klar bekennt, will er nicht den Eindruck erwecken, seine Theologie höhle den Wert des Geschichtlichen und Konkreten im Offenbarungsgeschehen aus oder die Bedeutung des ausdrücklichen Glaubens an Christus. Auch in seiner Theologie soll uneingeschränkt gültig bleiben, daß alles Transzendentale mit einer *conversio ad phantasma* verbunden ist: mit dem *phantasma*, der *Erscheinung* Christi. Die Christologie, die Rahner im sechsten und umfangreichsten *Gang* des Grundkurses entwickelt, und die im folgenden vorgestellt wird, sollte dies – zumindest im Prinzip – deutlich machen.

Grundsätzlich sei zur Interpretation der transzendentalen Denkweise Rahners – und zu der jedes theologischen Ansatzes – angemerkt: Es entspricht offenbar der Situation des Menschen, daß er in seiner Endlichkeit das Ganze der Realität wie auch den Inhalt des Glaubens zunächst immer nur von einer Seite aus in Blick nehmen kann – dies mag biographische oder geistesgeschichtliche Hintergründe haben. Andere Blickwinkel auf das Ganze erfaßt man später. So kommt es, daß wir alle komplexen Fragen „ein-seitig“ angehen. Jede Kritik – auch die des transzendentalen Ansatzes bei Rahner – muß dem Rechnung tragen und zeigen, daß die unvermeidbare Einseitigkeit im Ansatz zu einer wirklichen Vereinseitigung führt, durch die andere – später sich ergebende – Perspektiven auf das Ganze weitgehend oder bewußt ausgeblendet werden. Es sieht so aus, daß solche verschärften Einseitigkeiten eher bei manchen Theologen zu finden sind, die Rahners Denkweise auf die Spitze getrieben haben. Es ist zu diskutieren, inwieweit sich derartige Zuspitzungen *notwendigerweise* aus Rahners transzendentalem Ansatz ergeben, so daß Rahner auch für seine

Wirkungsgeschichte „haftbar" gemacht werden könnte, ja müßte. Es gibt aber auch genau das umgekehrte Phänomen, daß Theologen mit Rahners Ansatz und Einsichten theologische Aussagen formulieren, deren „Kirchlichkeit" niemand ernsthaft in Frage stellen kann. Also ist auch eine nicht zu beanstandende Rezeption des transzendentalen Denkens von Karl Rahner erfolgt. Auch für sie wäre Rahner dann wirkungsgeschichtlich „haftbar" zu machen.

Die Christologie: Jesus, Gottes Sohn

Rahner wählt auch in der Christologie den Zugang von der transzendentalen Seite. Breiten Raum widmet er der Frage, welche in der Natur des Menschen verankerten und welche weltanschaulichen Voraussetzungen den Glauben an Jesus, den absoluten Heilbringer Gottes, begünstigen oder erschweren.

Die Christologie im Kontext der evolutiven Weltanschauung

Eine weltanschauliche Voraussetzung ist für Rahner das evolutive Weltbild. Innerhalb dieser Weltanschauung möchte Rahner die Einheit von Gott und Mensch in Jesus, dem Sohn Gottes, als Fluchtpunkt der evolutiven Trift verständlich machen. Vorausgesetzt ist dabei zum einen, daß der Mensch als maßgebliches „Etappenziel" der Naturentwicklung beschrieben werden darf. Zum anderen muß klar sein, daß sich das Verständnis von Gottes Wirken und Sich-Präsentieren in der Welt nicht mythologischen Mustern folgt. Der Glaube an die Menschwerdung Gottes konkurriert nicht mit Vorstellungen von Göttern, die vom Himmel hoch auf die Erde niederschweben, um in den Lauf der Dinge einzugreifen oder um, in Menschengestalt verwandelt, unter den Menschenkindern zu weilen.

Daß der Mensch das Ziel der Naturentwicklung genannt werden darf, ist für Rahner daran abzulesen, daß der Mensch die Bedingungen seiner eigenen Entstehung gerade auch in der naturwissenschaftlichen Forschung verobjektivierend vor sich zu bringen vermag und sich dadurch mehr und mehr in die Lage versetzt, in die Naturentwicklung einzugreifen. Insofern komme die Natur im Menschen zu sich, im Menschen ver-

stehe sich sozusagen die Natur erstmals selber. Ihr Ziel ist der Mensch, so sehr auch Zufallsmomente bei der Entstehung des Menschen eine Rolle gespielt haben.
Aber auch schon die Begriffe „Zufall", „Notwendigkeit" und „Ziel" entspringen allein dem menschlichen Geist, und nur er kann mit seinen Begriffen die Welt zu begreifen versuchen. Da eine sich im Menschen begreifende Welt mehr ist als eine für sich selbst blinde Welt, kann man im Rückblick sagen, daß die Entwicklung der Welt über viele Zwischenstufen auf dieses Mehr ausgerichtet ist.
Aber wie kommt ein echtes Mehr zustande? Rahner macht darauf aufmerksam, daß eine Höherentwicklung nicht nur eine bloße Variation des Materiellen auf derselben Ebene bedeutet, daß wirkliches Mehr-Werden nur durch das Auftreten von qualitativ Neuem geschieht. Zwar gibt es auch im materiellen Bereich Qualitätssprünge: Viele Wassertropfen zusammen ergeben die neue Qualität des Sees. Aber mit der Lebensentstehung kommt etwas qualitativ Neues ins Spiel, gleichwenn das Neue vielfältige Voraussetzungen hat, die bereits bestehen. Das Neue läßt sich jedoch nicht auf die Summe seiner Voraussetzungen reduzieren. Es ist mehr als die Summe seiner Teile; es emanzipiert sich von ihnen, ist jetzt selbst etwas. Ein Sprung über die vorgegebenen Voraussetzungen findet statt, wo plötzlich ein Organismus mit Geist als der Ort hervortritt, an dem der ganze Kosmos reflektiert (im doppelten Wortsinn: bedacht und widergespiegelt) wird.
Wie aber vermag sich etwas qualitativ zu überbieten, sich, wie Rahner sagt, selbst in ein Neues hinein zu transzendieren, zu überschreiten?
Diese *Selbsttranszendenz* muß man nach Rahner auf die Kraft einer unendlichen und schöpferischen Seinsfülle zurückführen, welche die Selbstüberschreitung einer Lebensform bewirkt. Rahner will mit dieser Überlegung aber nicht Gott einführen als denjenigen, der von außen in der Naturverlauf eingreift und die Entwicklung von einer Stufe auf die nächste emporhebt. Gott kommt und wirkt nicht von außen, er wirkt innerlich, in den Dingen. Denn wegen seiner An-

dersheit gegenüber der Welt kann Gott allem unendlich viel näher und innerlicher sein als etwa ein Mensch dem anderen. In Gottes unendlichem Inne-Sein im Geschaffenen erkennt Rahner nun den eigentlichen Motor der Evolution. Der von Rahner geprägte Begriff der *aktiven Selbsttranszendenz* besagt also: Gott ermächtigt das Endliche von innen heraus zu einer aktiven Selbstüberschreitung und Selbstüberbietung in das so entstehende Neue hinein.

Aus diesen Überlegungen leitet Rahner die These ab, daß diese Entwicklung erst dann ihre innere Logik erreicht hat, wenn sich der Grund aller Entwicklung, Gott selbst, dem Entwickelten zeigt und schenkt. Rahner begreift daher die Selbstmitteilung Gottes in der Menschwerdung des göttlichen Sohnes als Sinnmitte der Evolution, die deshalb auch den Menschen als Empfänger der Selbstoffenbarung Gottes hervorbringen muß. Mit der Menschwerdung Gottes nimmt die umfassende Vollendung des Kosmos und allen Lebens seinen Anfang: die durch den Menschen sich vermittelnde Gemeinschaft der ganzen Schöpfung mit Gott.

Um die Menschwerdung Gottes näherhin zu erläutern, führt Rahner den Begriff des absoluten Heilbringers ein. Dieser Heilbringer ist in einem die Selbstmitteilung Gottes an alle Menschen und die vollkommene Annahme dieser Selbstmitteilung für alle Menschen. Nur wenn beides zusammenkommt, die Selbstmitteilung Gottes und die vollkommene Annahme dieser Selbstmitteilung, ist Offenbarung in unwiderruflicher und nicht mehr zu übertreffender Weise geschehen.

Mit diesem zweiten Aspekt der Annahme macht Rahner deutlich, daß die Offenbarung dialogisch geschieht. Göttliches Sichselbstoffenbaren muß im menschlichen Ja zu dieser Offenbarung ankommen. Biblisch bedeutet dies, daß Jesus das ganze Gesetz erfüllt, d. h. den im Gesetz des Mose zum Ausdruck kommenden Heils-Willen Gottes ganz in seinem menschlichen Willen annimmt und verwirklicht. Würde der Heilswille und Selbstmitteilungswille Gottes nicht in einem menschlichen Willen vollkommen angenommen, gäbe es kein endgültiges Heil. An der menschlichen Freiheit vorbei ist dies niemals möglich. Insofern „paßt“ das Christentum an sich zur neuzeitlichen Betonung der menschlichen Freiheit. Diese findet in Christi Freiheit ihren tiefsten Grund.

Die Evolution erreicht also dort ihren Höhepunkt, wo Gott und Mensch – ohne sich dabei zu vermischen – vereint sind: im Gottmenschen. Diese gott-menschliche Einheit, die der absolute Heilbringer darstellt, beschreibt die Theologie mit dem Begriff *hypostatische Union.*

Uniert, vereint sind Gott und Mensch durch eine Hypostase. Das griechische Wort *Hypostase* bezeichnet die Person. *Person* wird dabei verstanden als die konkrete Existenzweise einer menschlichen Natur. Denn die menschliche Natur (oder das menschliche Wesen) existiert nicht für sich abstrakt, sondern immer nur konkret als Natur *dieses* Menschen, als Natur *dieser* Person. So existiert auch nicht Gottes Natur oder Wesen abstrakt für sich. Die göttliche Natur existiert nur konkret, weil sie von einem personalen, unverwechselbaren Träger „gehabt“ wird. Vater, Sohn und Geist sind die personalen Träger der göttlichen Natur und bezeichnen drei unterschiedliche Weisen, wie diese eine, unteilbare Natur konkret und wirklich ist (Näheres siehe S. 165–183). Der Sohn ist daher der personale Träger und Besitzer der göttlichen – und wegen der Menschwerdung – auch der menschlichen Natur. Durch die konkret existierende menschliche Natur Jesu ist darum der Sohn in seiner göttlichen Natur zu erkennen.

Im Jahre 451 definierte ein Konzil in der griechischen Stadt Chalcedon dieses christologische Basisdogma: In der einen Person oder Hypostase des Sohnes Gottes kommen eine vollkommene menschliche Natur (Leib und Seele) und die eine vollkommene göttliche Natur unvermischt und unverwandelt, ungeteilt und ungetrennt zusammen.

Indem Rahner dieses christologische Dogma in ein evolutives Weltbild integriert, glaubt er, die Verständlichkeit dieses Glaubenssatzes erhöht zu haben.

Dadurch, daß Rahner mit dem Konzil von Chalcedon das wahre Menschsein des absoluten Heilbringers unterstreicht, möchte er auch das mythologische Mißverständnis abwen-

den, Menschwerdung Gottes bedeute die Vergötterung eines Menschen. Zurückweisen möchte er nicht weniger die Vorstellung, das Menschsein sei nur die äußerliche Verkleidung eines auf Erden wandelnden Gottes gewesen.
Die Betonung des wahren Gottseins unterstreicht hingegen, daß Gott selber in Jesus da ist und daß die Menschwerdung Gottes nicht gleichzusetzen ist mit einer Art Verwandlung Gottes in Menschengestalt – so wie sich im Märchen der holde Prinz in einen unansehnlichen Frosch verwandelt oder wie sich nach der griechischen Mythologie der verliebte Göttervater Zeus in einen stattlichen weißen Stier verwandelt, um mit der Königstochter Europa anzubandeln.

Transzendentale Christologie

Neben den weltanschaulichen Voraussetzungen für ein Verständnis der Christologie diskutiert Rahner ebenso die in der Natur des Menschen liegenden transzendentalen Voraussetzungen. Deren Analyse soll vor Augen führen, daß der Glaube an Jesus, den menschgewordenen Sohn Gottes, zum Menschen „paßt" und die Vollendung des Menschseins einleitet.
Die erste wesentliche Voraussetzung ist uns schon bekannt: Der Mensch ist als Wesen der Transzendenz a priori offen für das unendliche Geheimnis Gottes. Mit dieser Offenheit verbindet sich die Hoffnung, daß sich Gott als Erfüllung der unendlichen menschlichen Offenheit schenkt. Dieses Hoffen auf unendliche Erfüllung treibt nach Rahner den Menschen immer wieder an, Glück und Heil jetzt schon als Zeichen der Verheißung einer endgültigen Erfüllung in den verschiedenen Bereichen des menschlichen Lebens zu verwirklichen.
Wie aber kann sich das unendliche Geheimnis als Sinn und Erfüllung des menschlichen Lebens in der Geschichte offenbaren, ohne daß Gott zu einem endlichen Gegenstand wird bzw. die Geschichte mit der Erscheinung Gottes bereits ihr Ende findet?

Die Antwort glaubt Rahner mit dem Hinweis auf den Verheißungscharakter der geschichtlichen Realität geben zu können, an der und in der Gott erscheint, ohne diese Realität bereits in seiner unmittelbaren, endzeitlichen Gegenwart ganz zu vollenden. Betont man den Verheißungscharakter dessen, an dem Gott erscheint, vermeidet man nach Rahner die Vorstellung, daß man die endliche Größe, in der sich Gott offenbart, vergötzt. So sehen ja die Jünger nicht an Jesus unmittelbar Gott; sie sehen einen Menschen, dessen ganzes Dasein aber ein einziger Verweis auf Gottes Gegenwart in ihm ist. Zu jener Hoffnung auf die endgültige Vollendung des Menschen durch Gottes Erscheinen in einer endlichen Realität gehört also die Überzeugung, daß diese Erscheinung in der Form eines Verweises oder einer Verheißung auf Gottes Nähe geschieht.
Es ist weiterhin klar, daß diese Hoffnung auf die Erscheinung des göttlichen Geheimnisses in der Geschichte sich an einem Menschen ereignen muß, da vor allem der Mensch in seiner unendlichen Offenheit auf Gottes Nähe verheißend verweisen kann.
Zu diesem Menschen muß, wie der Gedanke des absoluten Heilbringers ergeben hat, die endgültige Annahme der Selbstoffenbarung Gottes gehören. Darauf hofft jene Hoffnung ebenso.
Diese Hoffnung schließt ebenso ein bestimmtes Verständnis des Todes ein, den der Mensch stirbt, der Gottes Offenbarung annimmt. Denn erst mit dem Tod ist Endgültigkeit menschlicher Freiheit erreicht, also auch der Annahme der Offenbarung. Ja, der Tod dieses Menschen muß nach Rahner gerade dadurch qualifiziert sein, daß er nicht nur den Endpunkt, sondern auch den Höhepunkt der Annahme der Offenbarung darstellt: Dieser Tod muß daher der radikale Akt sein, mit dem sich dieser erhoffte Heilbringer ganz in die Nähe Gottes übergibt und – so Rahner – überantwortet.
Zu diesem Akt der Hingabe an Gott gehört die Gewißheit, von Gott ganz angenommen zu sein. Gottes Annahme desjenigen, der seinerseits Gottes Offenbarung in seinem Tod

annimmt, indem er sich ganz Gott über- und anheimgibt, muß nun ebenso an diesem Heilbringer wahrnehmbar sein. Darum hofft derjenige, der auf Gottes Selbstmitteilung in der Geschichte hofft, ebenso auf die Auferstehung des Menschen, der in seinem Tod die Annahme der Selbstmitteilung endgültig gemacht hat. Die Auferstehung manifestiert: Gott hat den Tod dieses Menschen als *Verendgültigung* der Annahme der Offenbarung angenommen. Mit Gottes Annahme der im Tod verendgültigten Annahme seiner Selbstmitteilung im freien Willen des Gottmenschen entsteht das, was man Himmel nennt. Wer auf den Himmel hofft, hofft daher auf Tod und Auferstehung des Heilbringers.
Mit diesen Ausführungen zu einer transzendentalen Christologie will Rahner deutlich gemacht haben, daß derjenige, der seine transzendentale Geist-Offenheit für Gottes Geheimnis und seine Hoffnung auf Gottes Selbstmitteilung ernst nimmt, auch nach einem Menschen suchen muß und sich glaubend an ihn halten wird, der die Idee des absoluten Heilbringers erfüllt und bei fortlaufender Geschichte der Anfang der Vollendung für alle ist.

Jesus als der *absolute Heilbringer*

Daß nun der Zimmermann von Nazaret, Jesus aus Galiläa, dieser *absolute Heilbringer* ist, macht Rahner vor allem an Jesu Predigt und Praxis des Reiches Gottes fest. Der Wirklichkeit dieses Reiches verschreibt sich Jesus ganz.
Das Reich, dessen Nähe Jesus verkündet und vermittelt, ist nach biblischem Zeugnis der Inbegriff der vergebenden Nähe Gottes: Gottes Selbstmitteilung zum Heil der Menschen. Die Nähe des Reiches Gottes, die Jesus als Evangelium (= die gute, frohe Botschaft, Nachricht) verkündet, sollte nach Rahner nicht zeitlich mißverstanden werden. Jesus lebt in der Naherwartung des Reiches, insofern er der bleibende Anfang dieses Reiches ist, das sich am Ende aller Zeit mit seiner Wiederkunft vollenden wird.

Daß Jesus beanspruchte, das Heil und Reich Gottes geradezu in seiner, jedoch allein auf Gott und dessen Nähe verweisenden Person zu sein, belegt nach Rahner die Exegese: Danach bindet Jesus das endgültige Geschick eines Menschen an das Verhältnis dieses Menschen zu dem Reich, das durch ihn anbricht; wer dem Reich Gottes in Jesus nahe ist, dem ist Gott als Heil nahe.

Natürlich weiß Rahner, daß man diesen Anspruch Jesu als Irrsinn abtun kann. Aber Rahner geht es zunächst darum, zu zeigen, daß man als vor Gottes Geheimnis stehender Mensch mit guten Gründen nach einem Menschen suchen soll, der in seinem Reden und Tun, mit seiner ganzen Existenz den Heilsanspruch erhebt, die Erscheinung des göttlichen Geheimnisses in der Geschichte als Heil aller Menschen zu sein. Irrsinn ist weder dieser denkbare Anspruch noch die Suche nach jemandem, der ihn erhebt. Allenfalls der konkrete Mensch, der den Anspruch erhebt, könnte dies zu Unrecht tun. Insofern gehört zu diesem Anspruch die Botschaft von der Auferstehung als Legitimation dieses Anspruchs dazu.

Exegetisch eindeutig festzustellen ist ebenso Jesu besonderes Verhältnis zu Gott, den er seinen Vater nennt. Jesus begreift seine Existenz und Botschaft ausschließlich als Ausdruck des Verhältnisses Gottes, des Vaters, zu ihm und umgekehrt. Dieses exklusive Verhältnis weiß Jesus als Grund für die unwiderrufliche Nähe Gottes zu allen Menschen.

Mit aller Vorsicht nähert sich Rahner dem Verständnis des Todes Jesu als Sühneopfer für die Sünden der Menschen.

Zu dieser Vorsicht rät Rahner die ausgeprägte Zurückhaltung vieler damaliger Exegeten, Jesus ein ausdrückliches Wissen um die sühnende Wirkung seines Todes zuzuschreiben. Eine Reihe von Exegeten ging soweit, den ganzen Vorstellungskomplex, Jesus sei für das Heil der Welt gestorben, mehr oder weniger als spätere theologische Deutung der Evangelisten bzw. der Urgemeinde oder gar als Erfindung des Paulus zu betrachten.

Nun ist aber nicht schwer zu begreifen, daß weder die ersten Christen noch Paulus einfach etwas in den Tod Jesu hinein-

deuten können und dürfen, was dort überhaupt keinen Anhaltspunkt hat. Andernfalls wäre der Verdacht, erst die Christen hätten aus dem Zimmermann von Nazaret einen Heiland und Erlöser gemacht, nicht mehr von der Hand zu weisen.
In den 80er Jahren des 20. Jahrhunderts gewann man mehr und mehr an exegetischer Sicherheit für die Behauptung zurück, daß Jesus mit seinem Tod eine Heilsbedeutung verband. Hätte Rahner seinen *Grundkurs* später geschrieben, hätte er jene Vorsicht weitgehend fahrenlassen können.
Den Kern des neuen Verständnisses für Jesu eigene Auffassung von seinem Tod als *des* Heilsereignisses entwickelt aber auch schon Rahner. Weil Jesus sein ganzes Leben in den Dienst des Reiches und der vergebenden, erlösenden Nähe Gottes stellte, weil also *sein Leben* eine Heilsbedeutung hatte, hatte nicht weniger *sein Tod* dieselbe Bedeutung. In diesem Tod verendgültigte er sein Leben für Gottes Reich und Vergebung. Rahner bezeichnet die paulinische Vorstellung von Jesu Tod als Sühne für die Sünde der Welt daher als legitime, wenngleich sekundäre Interpretation der Heilsbedeutung des Todes Jesu.
Man könnte, andere, vor allem spirituelle Schriften Rahners berücksichtigend, hinzufügen (zusammengestellt in: Rechenschaft, S. 202–213): Wie Jesus sich in seinem Leben den Sündern zuwendet, um ihnen das Heil seines Vaters zu vermitteln, so verendgültigt wiederum sein Tod diese Zuwendung. Mehr noch: Jesu Zuwendung und Solidarität mit den Sündern ist derart radikal, daß er sich ganz mit deren Schicksal, von Gott getrennt zu sein, identifiziert. Er versteht ihr Schicksal als sein Schicksal und nimmt auf diese Weise ihre Gottesferne hinein in seine Nähe zu Gott, seinem Vater. Insofern trägt er in seinem Verhältnis zu Gott die Sünde und Gottesferne der Sünder bis hinein in den Tod als Höhepunkt seines Einsatzes für sie. Rahner zitiert mit Blick auf die Menschen- und Gottesverlassenheit Jesu am Kreuz 2 Kor 5,21: „Er, der die Sünde nicht kannte, ist in dieser Verlassenheit zur Sünde geworden“ (Rechenschaft, S. 206). Jesu gewaltsamer Tod am

Kurztitel = **Rechenschaft** *Rechenschaft des Glaubens. Karl-Rahner-Lesebuch*, hrsg. v. Karl Lehmann u. Albert Raffelt, 1979.

Kreuz, der ihn als von Gott Verfluchten definiert, entspricht faktisch dem Schicksal der Sünder; auf ihnen liegt nach jüdischem Verständnis der Fluch Gottes. Insofern erleidet Jesus den Tod und die Hölle des Sünders, und zwar für diesen, so sehr auch mit Rahner zu betonen ist, daß Jesus nicht „die Höllenstrafe erduldet" habe (Rechenschaft, S. 207). Gott bestraft nicht Jesus, aber Jesus tritt an die Stelle der Sünder als der Sündenlose. Darum kann er dort eine Verbindung stiften und Leben hineintragen, wo durch die Gottesferne alles wieder wüst und leer geworden ist. Jesus wird zum Anfang einer neuen Schöpfung. Rahner: Jesus „vermag durch seinen Gehorsam das auszuleidende absolut Fremde und vernichtend Einbrechende so in sich hineinzunehmen, daß es, ihm einverwandelt, zum absolut Nahen und mächtig Aufbrechenden wird" (Rechenschaft, S. 206). Aus dem Grab ersteht das neue, unzerstörbare Leben für alle.

Sehr zu Recht weist Rahner auf ein klassisches Mißverständnis des Lebensopfers Jesu hin. Niemals beabsichtigte Jesus durch sein Tun und Sterben für die Sünder Gott irgendwie umzustimmen, aus einem zornigen, den Sünder verfluchenden Gott einen sanften und barmherzigen zu machen.

Wenn zum einen – das sei zur Erläuterung der Gedanken Rahners hier angemerkt – in der Heiligen Schrift von Zorn, Rache, Strafe oder Fluch Gottes die Rede ist, dann nicht, um Gemütsbewegungen Gottes zu schildern, die der Mensch durch Opfer, womöglich durch Menschenopfer, in günstigere Gemütshaltungen verwandeln könne. Zorn und Fluch Gottes sind hingegen Erscheinungsformen der Liebe und Barmherzigkeit Gottes für denjenigen, der sich der Liebe und Barmherzigkeit verschließt. Insofern muß sich auch nicht bei Gott etwas ändern, damit aus dem zornigen Gott wieder der liebe Gott wird, sondern beim Menschen. Opfergaben im Alten Bund sollen die Umkehrbereitschaft des Menschen ausdrücken, um zu Recht auf Gottes Barmherzigkeit hoffen zu dürfen. Der scharfe Protest der Propheten trifft diejenigen, die meinen, mit einer rituellen Opferung sei alles bereits getan. Auch Jesus stimmt in diesen prophetischen Protest ein. Damit der Mensch jedoch umzukehren und sich vorbehaltlos der Liebe Gottes zu öffnen vermag, muß Gott wiederum die Initiative ergreifen und den Menschen zur Umkehr befähigen. Alle Versöhnung, Erlösung und Heilung des Menschen geht von Gott aus. Gott versöhnt die Welt mit sich; es ist gerade nicht der Mensch, der sich von sich aus mit Gott durch ein Opfer versöhnt. Jesus bringt darum die unbegrenzte Versöhnungsbereitschaft Gottes zu den Menschen, mehr noch: er nimmt in seiner menschlichen Freiheit diese Versöhnungsbereitschaft ganz an und verendgültigt diese in seinem Tod. Daß dieser Tod durch Gewalt herbeigeführt wird, gründet in der Ablehnung der Versöhnung Gottes und nicht im Ansinnen, Gott ein Menschenopfer darzubringen.

Um dies ganz deutlich zu machen, spricht Rahner in einer manchmal mißverständlichen Weise davon, daß das Leben, Leiden und Sterben Jesu nicht die Ursache der Versöhnung mit Gott ist. Aus demselben Grund verzichtet Rahner mitunter darauf, vom Sühnetod Jesu zu sprechen, was ihm die Kritik Balthasars einbrachte. Jesu Leben begreift Rahner „nur" als geschichtliche Erscheinung des Heilswillens und der Versöhnung Gottes. Dies erweckte erneut den Eindruck, Rahner entwerte das Leben und Leiden Jesu völlig. Im Himmel bei Gott sei sozusagen schon alles vorab gelaufen und auf Erden demonstriere Jesus das lediglich. Aber es passiere eigentlich nichts Neues mehr durch Jesu Lebenshingabe. Wiederum ist es Balthasars Kritik an Rahners Christologie, die in diese Richtung zielt. Der transzendentale, überzeitliche Aspekt des Heils scheint den kategorialen, konkreten zu aushöhlen.

Zur Kritik **Balthasars** vgl. Schulz, S. 628 ff.
HANS URS VON BALTHASAR, *Theodramatik 3: Die Handlung*, 1980, S. 253–262.

Rahner läßt indes keinen Zweifel daran, daß der allgemeine Heilswille Gottes nur „da" und wirksam ist, weil es das Christusereignis gibt. Zwar bewirkt Jesus diesen Heilswillen nicht in dem Sinn, als ob er erst im Jahre 30 Wirklichkeit wird und erst ab dieser Zeit vorhanden ist. Von Ewigkeit her ist dieser Heilswille aber nur *mit* der kategorialen Tat Jesu eine den Menschen bestimmende Wirklichkeit (übernatürliches Exi-

stential). Der Heilswille Gottes hat in Jesus sein Ziel. Ohne dieses Ziel, d. h. ohne die Annahme dieses Heilswillens durch einen menschlichen, sündefreien Willen, wäre der Heilswille Gottes für die Menschheit nicht wirksam. Rahner qualifiziert Jesu Wirken darum als *Finalursache* (= Zielursache) des göttlichen Heilswillens. Der eine Heilswille habe, so Rahner, zwei Aspekte, die man niemals gegeneinander ausspielen dürfe, die sich vielmehr wechselseitig bedingen: den transzendentalen, ewigen und den geschichtlichen, konkreten Aspekt. Insofern sei der eine ewige Heilswille auf sein Ziel hin ebenso geschichtlich. Folglich darf man die beiden Aspekte der Offenbarung, den transzendentalen und kategorialen, ebensowenig in ein Konkurrenzverhältnis zueinander setzen.
Wenn man in der Finalursächlichkeit des Lebens und Sterbens Christi für das Heil der Welt eine problematische Abhängigkeit Gottes bzw. des göttlichen Heilswillens von einer menschlichen Freiheit erkennen möchte, dann muß klar sein, daß diese Abhängigkeit in einem *relativen*, bedingten Sinn zu verstehen ist. Auch darauf macht Rahner aufmerksam. Es ist nämlich Gott selbst, der mit der Erschaffung der menschlichen Freiheit, die die Möglichkeit (nicht Notwendigkeit!) zur Sünde hat, Bedingungen setzt, die den Weg der Erlösung vorzeichnen: daß nämlich die geschichtliche und kategoriale Finalursache von Heil und Erlösung wiederum nur der freie Lebenseinsatz des menschgewordenen Gottessohn sein kann – wenngleich – abstrakt gesprochen – Gott an sich auch immer die Möglichkeit hätte, sein Heil den Menschen in anderer Weise zu schenken als durch die Annahme seiner Selbstmitteilung in der menschlichen Freiheit des göttlichen Logos. In dieser Hinsicht bewirkt die freie Lebenshingabe Jesu, sein Lebensopfer, auch das Heil, aber eben nicht im Sinn eines Gott umstimmenden Opfers oder einer absoluten Abhängigkeit Gottes vom Handeln eines Menschen, sondern im Rahmen der von Gott gesetzten Bedingung: daß ein Mensch, der die Inkarnation des göttlichen Sohnes ist, für alle in heilsbedeutsamer Weise tätig werden kann.

Ist Jesus Gott?

Mit der vielleicht auffälligen Betonung des menschlichen Willens bzw. der Freiheit Jesu beabsichtigt Rahner keinesfalls die in Jesus präsente Gottheit des menschgewordenen Sohnes abzuwerten. Wenn Rahner von der Selbstmitteilung *Gottes* spricht, sagt er nichts anderes, als daß Jesus *Gottes Sohn* ist. Aber es ist deutlich geworden, daß zur Selbstmitteilung Gottes auch die Annahme im Medium des Menschseins gehört, was durch den vom göttlichen Logos getragenen menschlichen Willen geschieht. Rahner möchte dem patristischen Grundsatz Rechnung tragen, nach dem in Jesus *Gott* ganz und gar gegenwärtig sein mußte, um uns *erlösen* zu können; und daß Jesus ganz und gar *Mensch* sein mußte, damit er *uns Menschen* zu erlösen vermochte. Deshalb entschied sich auch das erwähnte Konzil von Chalcedon gegen die Vorstellung, das Menschsein Christi werde in seine „vornehmere" Gottheit hinein vermischt und aufgesogen. Das 3. Konzil von Konstantinopel betonte 680/681, daß im menschgewordenen Gottessohn auch ein menschlicher Wille bestehe und dieser nicht irgendwie durch den göttlichen Willen restlos überwältigt werde oder erst gar nicht vorhanden sei, in Jesus also nur der eine göttliche Wille agiere.
Da man also weder die Gottheit noch die Menschheit Christi, weder den göttlichen noch den menschlichen Willen (Freiheit in Christus) gegeneinander ausspielen darf, meldete Rahner seine Kritik gegen die volkstümliche oder auch von Theologen vorgetragene Formulierung „Jesus ist Gott" an (siehe S. 56). Natürlich wußte Rahner, daß man diese Formel auch richtig verstehen kann. Vor allem wußte er aber, daß man sie in kirchenfernen Kreisen falsch versteht und, wie oben angeklungen, heraushört, die Christen würden aus Jesus einen auf Erden im menschlichen „Tarnanzug" wandelnden Gott machen. Mancher mißverstand natürlich auch wieder Rahners Kritik der Formel „Jesus ist Gott" und unterstellte ihm, er glaube nicht im kirchlichen Sinn an die Menschwerdung Gottes in Jesus.

Die Gotteslehre: Gott zeigt sich so, wie er ist

Gerade um die Realität der Menschwerdung *Gottes* zu unterstreichen, wagte Rahner auch Formulierungen, die dieses Mensch-*Werden* Gottes in der Bedeutung für Gottes Wirklichkeit zum Ausdruck bringen sollten. Rahner opponierte gegen die Schultheologie, die seiner Meinung nach der „Tyrannei einer starren Unendlichkeits-Metaphysik vom reinen, flecken- und lückenlosen Sein" verhaftet sei und darum Gott bei der Menschwerdung möglichst unberührt, unbewegt und unveränderlich erscheinen lassen wolle (Schriften, Bd. 1, S. 198). Demgegenüber untermauerte er, daß Gott wirklich am anderen seiner selbst, am Nichtgöttlichen, etwas werden könne, eben Mensch. Die Rede von der Unbeweglichkeit oder Unveränderlichkeit Gottes darf nach Rahner nur zu verstehen geben, daß Gott nicht von Endlichen Ursachen bewegt und manipuliert wird. Von anderem nicht bewegt, bewegt Gott alles von sich aus. So nannte schon im vierten Jahrhundert v. Chr. der griechische Philosoph Aristoteles Gott den *unbewegten Beweger*.

Ein unbeweglicher Gott?

Diese Unbeweglichkeit Gottes darf man allerdings nicht psychologisieren, als ob Gott unbeweglich sei wie ein Mensch, der sich durch nichts zu etwas bewegen lassen. Ebensowenig besagt *Unveränderlichkeit Gottes* Gott sei starr, festgefahren oder unflexibel. Das hatte auch die angegriffene Schultheologie niemals im Sinn, wenn sie Gottes Unveränderlichkeit herausstellte. Gemeint war und ist vielmehr: Gott muß nicht erst noch er selbst werden wie etwa ein Mensch. Gott ist absolute Vollkommenheit; deshalb muß er nichts mehr werden. Er ist immer schon bei sich und fängt stets bei

sich und mit sich an, gerade auch im Fall der Menschwerdung.
Wenn aber Gott als er selbst, in seiner Unveränderlichkeit, d. h. in seiner Vollkommenheit, Mensch wird, dann bedeutet das eben auch etwas für Gott – das will Rahner unbedingt theologisch hervorgehoben wissen.
Zwar wird nicht Gott in seiner Natur durch die Menschwerdung irgendwie „mehr". Die endlichen Vollkommenheiten, die das Menschsein und die ganze Welt verkörpern, sind in Gott auf unendliche Weise unbegrenzte Wirklichkeit. Darum ist Gott nie „mehr" mit der Schöpfung als ohne sie.
Aber weil die Person, die Mensch wird und das angenommene Menschsein existieren läßt, trägt und konkretisiert, die Person des göttlichen Sohnes ist, deshalb betrifft den göttlichen Sohn aufgrund der angenommenen menschlichen Natur, und zwar durch diese und in ihr, all das, was Jesus widerfährt. Die Geschichte Jesu ist die Geschichte des göttlichen Sohnes. Insofern spricht Rahner auch vom gekreuzigten Gott. Gott wird also etwas für uns, nämlich der Gott, der sich dank der angenommenen menschlichen Natur vom Geschick der Menschen betreffen läßt und in die Abgründe des menschlichen Herzens steigt.
In späterer Zeit, als Rahner nicht mehr gegen die Schultheologie seine Stimme erhob, setzte er die Akzente wieder in eine etwas andere Richtung und sparte nicht mit Polemiken gegenüber denen, die in der zuvor auch von ihm verfochtenen Richtung weiter gehen wollten: Mancher hatte zunächst – ebenso wie Rahner – in der Rede von der Unveränderlichkeit und Unbeweglichkeit Gottes eine Gefahr gesehen, die in unbiblischer Weise Gott aus dem Werden und Vergehen dieser Welt heraushält.
Man wies darauf hin, daß diese Redeweise vor allem aus dem griechischen Raum stamme – Aristoteles wurde schon erwähnt – und die Christen, um besser bei den Hellenen anzukommen, den Gott Jesu Christi hellenisiert hätten: also den Gott der Bibel mit dem Gott des Aristoteles übertüncht hätten. Gegenüber dieser – unterstellten – Entstellung des bibli-

schen Gottesbildes mobilisierte man das Programm der *Enthellenisierung.* Der unbewegliche Gott sollte sozusagen wieder nach biblischer Sprechweise beweglich werden und sich vor allem vom Leid in der Welt bewegen lassen. Allerdings psychologisierte man dabei oft im oben beschriebenen Sinn den eben nicht psychologisch, sondern metaphysisch zu verstehenden Grundsatz von der Unbeweglichkeit Gottes.
Man übersah vor allem, daß die Hellenisierung in dieser extremen Form gar nie stattgefunden hatte, im Gegenteil: Genauere Untersuchungen ergaben, daß es zu einer Christianisierung des Hellenismus gekommen war. Die entscheidenden griechischen Begriffe, mit denen man von Gottes Wirklichkeit sprach, wurden inhaltlich verändert, zum Teil mußten sie ganz neu erfunden werden.
Für einen fest in der griechischen Philosophie stehenden Kopf war es seinerzeit beispielsweise unbegreiflich, wie man in der Lehre von der Dreifaltigkeit von einem zeitlosen, ewigen Hervorgang des göttlichen Sohnes aus Gott, dem Vater, sprechen kann. Ein zeitloses Werden des Sohnes aus dem Vater widersprach der These von der Unveränderlichkeit Gottes. Der – in der Tat hellenistisch denkende – Theologe Arius (um 260–336) sah zwar darin kein Problem, im Einklang mit dem Neuen Testament von einem Sohn Gottes zu sprechen. Doch dieser Sohn sei von Gott erst vor Erschaffung der Welt erschaffen worden und damit nur ein Geschöpf. Eine Gleichheit des Sohnes im göttlichen Wesen mit dem Vater erschien Arius nicht plausibel, sondern als Auflösung der Einzigkeit und Unveränderlichkeit Gottes. An dieser eben nicht genuin christlichen, sondern hellenistischen Denkweise, die übrigens zur Abspaltung der sogenannten *Arianer* führte, zeigt sich, daß die Theologen der Antike große begriffliche Anstrengungen unternehmen mußten, um verständlich zu machen, daß Gott die unveränderliche Einheit von Vater und dem aus ihm hervorgegangenen Sohn und Geist ist.
Leider werden die genaueren Untersuchungen zur sogenannten Hellenisierungsdebatte noch nicht überall in ihrer vollen Tragweite erfaßt. Nur so ist es zu erklären, daß man immer

noch theologischen Einspruch gegen die Rede vom unbeweglichen und unveränderlichen Gott vernimmt und meint, diese Rede untergrabe den Ernst des Leidens und Sterbens Christi als des göttlichen Sohnes. Den evangelischen Theologen Jürgen Moltmann könnte man in diesem Zusammenhang durchaus nennen.

Im katholischen Raum bemühte sich insbesondere Hans Urs von Balthasar um eine differenzierte Auseinandersetzung mit der Hellenisierungsthese. Er spricht sehr wohl vom Werden Gottes, von dessen Leiden und Tod. Aber Balthasar beabsichtigt, diese Redeweise ebenso mit einem reflektierten Verständnis der Unveränderlichkeit Gottes zu verbinden. Gegen Moltmanns Theologie vom Schmerz Gottes erhob er weitgehende Einwände.

Hans Urs von Balthasar, *Theodramatik 4: Das Endspiel*, 1983, S. 191–222.

Dennoch paßte Rahner offenbar diese ganze theologische Denkrichtung nicht mehr. Die Kreuzestheologie Moltmanns und Balthasars kommentierte er – undifferenziert – in einem Interview: „Um – einmal primitiv gesagt – aus meinem Dreck und Schlamassel und meiner Verzweiflung herauszukommen, nützt es mir doch nichts, wenn es Gott – um es einmal grob zu sagen – genauso dreckig geht.“ Zwar räumt Rahner ein: „Ich weiß natürlich und habe das schon betont, daß es durchaus von der klassischen Inkarnationstheologie bzw. Theologie der hypostatischen Union her eine sinnvolle und ernste Aussage darüber gibt und geben muß, die ich auch nicht leugnen oder vernebeln will, daß Gott gestorben ist.“ Dennoch betont Rahner demgegenüber, daß der Einstieg Gottes in die leidvolle Geschichte der Menschheit anders gewesen ist als sein eigener. „Denn ich bin von vornherein in die Gräßlichkeit hineinzementiert, während Gott ... in einem wahren und echten und mich tröstenden Sinne der Deus *impassibilis* [= der leidensunfähige Gott], der *Deus immutabilis* [= der unveränderliche Gott] usw. ist“ (Rahner im Gespräch 1, S. 246). Nur dieser leidfreie Gott scheint den Menschen aus dem Schlamassel von Leid und Tod herausziehen zu können.

Hier gewinnt man den Eindruck, daß sich Rahner wieder zu den schultheologischen Aussagen über Gottes Unveränderlichkeit und Leidensfreiheit hingezogen fühlt. Was Balthasar betrifft, wird man nach genauerem Hinsehen Rahners Äußerungen im ganzen als überzogen einschätzen müssen. Rahner trifft allenfalls manche bildlichen, der Mystik der Adrienne von Speyr entnommene Formulierungen in Balthasars Theologie (z. B. Eine Trennung von Vater und Sohn durch das Kreuz, ein gegenseitiges Verbluten Gottes in der wechselseitigen Hingabe von Vater und Sohn u. ä.). Es besteht aber beispielsweise für Balthasar kein Zweifel darüber, daß die Rede von Gottes Schmerz im menschgewordenen Sohn am Kreuz nicht Gott zum passiven Objekt erklärt, dem etwas von außen widerfährt. Vielmehr vermag Gott gerade aufgrund seiner absoluten Vollkommenheit – d. h. aufgrund seiner Unveränderlichkeit, Unbewegbarkeit, Freiheit von passiv erduldetem Leiden – mehr und intensiver als jeder Mensch in einem aktiven Sinn mit dem Menschen zu leiden. Wegen seiner unüberbietbaren Vollkommenheit kann Gott in ebenso unüberbietbarer Weise dem Leid der Menschen innerlich nahe sein.
Diese je größere Innerlichkeit Gottes im Geschaffenen, erst recht im Menschen, ist, wie gesehen, ein maßgeblicher Gedanke Rahners (siehe S. 161 f.). Kraft seiner Vollkommenheit und kraft der angenommenen menschlichen Natur ist der göttliche Sohn um des Heiles der Menschen willen Subjekt und Träger von Leid, Schmerz, Tod und – wie im Blick auf Rahner erläutert (!) – auch der Sünde. Ebensowenig wird Gottes Liebe durch den Kampf gegen die Lieblosigkeit der Sünde vollkommener; ein solches Mehr-Werden Gottes, zumal „dank" der Sünde, bestreitet Balthasar. Rahner und Balthasar liegen in nicht wenigen Aussagen über die Menschwerdung in ihrer Bedeutung für Gott näher beieinander, als dies auf den ersten Blick erscheinen mag, was nicht heißt, die bleibenden Unterschiede zu übersehen.

Die ökonomische Trinität ist die immanente Trinität

Um das unüberbietbare, der Vollkommenheit Gottes entsprechende Engagement von Vater, Sohn und Geist für den in Leid, Tod und Sünde gefangenen Menschen begrifflich zu verdeutlichen, prägte Rahner eine Formel, die in der Theologie Schule gemacht hat. Sie lautet: *„Die ‚ökonomische' Trinität ist die ‚immanente' Trinität und umgekehrt."* (Der dreifaltige Gott, S. 328) Was ist damit gemeint?
Der der theologischen Fachsprache nicht Kundige wird wahrscheinlich zuerst über den Ausdruck *ökonomische* Trinität stolpern. Mit der Ökonomie, der Wirtschaft, scheint die Dreifaltigkeit kaum etwas zu tun zu haben. Aber der aus der griechischen Sprache stammende Begriff, der die wirtschaftliche Führung eines Hauses oder einer Stadt bezeichnet, wurde in der griechischen Philosophie auch im Sinn der *Haushaltsführung* und somit auch der *Weltregierung* Gottes verstanden. Im Epheserbrief bezeichnet der Begriff den Heilsplan Gottes (1,10), also durchaus die göttliche Weltregierung, die sich in der Heilsgeschichte, insbesondere in der Geschichte Christi, manifestiert. In der Theologie bedeutet der Begriff heute daher dasselbe wie *Heilsgeschichte. Ökonomische Trinität* heißt also *heilsgeschichtliche Dreifaltigkeit.*
Der Begriff *immanente Trinität* bezeichnet hingegen Gottes Realität in und für sich selbst; das lateinische Wort *im-manent* (manere = bleiben) bedeutet *in sich* oder *darin bleibend.*
Rahners Formel bringt mithin zum Ausdruck, daß die Trinität so, wie sie in sich und für sich ist, identisch ist mit der Trinität, die in der Heilsgeschichte erscheint – und umgekehrt. Oder mit einem schon bekannten Begriff Rahners erläutert: Die Formel bringt Gottes wahre Selbstmitteilung zum Ausdruck. In der Heilsgeschichte (*Ökonomie*) teilt Gott sein wahres Selbst mit, seine immanente trinitarische Wirklichkeit. Gott erscheint uns nicht nur in dreifaltiger Perspektive, sondern so, wie er uns in der Geschichte erscheint, ist auch an, in und für sich selbst.

Die Identität von ökonomischer und immanenter Trinität darf natürlich auch nicht im Sinn einer pantheistischen Verschmelzung von Gott und Geschichte verstanden werden.
Mit seiner Formel wollte Rahner ein verstärktes Bedenken der Dreifaltigkeit anstoßen. Denn in der Tat, welche Bedeutung hat es für einen Christen, daß er nicht einfach an Gott, sondern an den *dreifaltigen Gott* glaubt? Zwar spricht Jesus ebenso von Gott; aber er meint damit stets seinen Vater. Diese trinitarische Vorstellung Jesu fehlt vielen Christen heute. Der Gaube an die Dreifaltigkeit scheint kompliziert. Einfacher wäre es, nur an Gott, den Vater, zu glauben. Schon das Bekenntnis der Gottessohnschaft Jesu wirft Probleme auf; ähnlich wie Arius sieht man die Einheit und Einzigkeit Gottes gefährdet. Und der Heilige Geist – mit ihm können viele noch weniger anfangen. Gelegentlich, vor einer Prüfung etwa, seufzt jemand zu ihm und bittet um Erleuchtung. Für gewöhnlich jedoch er hat kaum eine Chance, Beachtung zu finden.
Rahner weiß, nicht wenige Christen glauben lediglich an einen *einpersonalen* Gott und nicht an die *drei Personen* Vater, Sohn und Geist, die *das eine, unzerteilbare göttliche Wesen* (oder: die göttliche *Natur*, *Substanz*) „haben" und tragen.
Aber nicht nur die Verkürzung der Trinität zu einem einpersonalen Gott beunruhigt Rahner; ihn beschäftigt auch das genaue Gegenteil. Weil man sich nämlich beim Begriff *Person* meist einen konkreten Menschen vorstellt, drängt sich vielen die Vorstellung auf, das christliche Bekenntnis spreche von drei Göttern. Rahner opponiert nicht weniger gegen diesen latenten Dreigötterglauben, *Tritheismus* genannt (siehe S. 172f.).
Im Koran klingt den Christen diese Warnung entgegen „Sprecht nicht: Drei!" Die Kompliziertheit des christlichen Gottesbegriffs gilt unter Muslimen als Beleg dafür, daß das Christentum die Klarheit der Botschaft des Propheten Jesus verfälscht hat. Mohammed mußte sie wiederherstellen, wobei Mohammed aufgrund seines Kontaktes mit christlichen Sekten und unvollständiger Informationen der Auffassung war,

mit der Dreifaltigkeit seien Vater, Sohn und Maria gemeint. Aber auch dann, wenn der Heilige Geist korrekterweise die Stelle Marias eingenommen hat, lehnt der Islam jede Vorstellung von der Dreifaltigkeit strikt ab.

Mancher wird auch das Neue Testament durchblättern und zu dem Schluß kommen, an sich hätten durchaus die Zeugen Jehovas recht, die, wie viele andere Gruppierungen vor ihnen, das Dogma von der Dreifaltigkeit verwerfen mit dem Hinweis: von einem dreifaltigen Gott habe Jesu niemals gesprochen.

Rahner trifft also sehr wohl ins Schwarze, wenn er zu einem neuen Bedenken und Meditieren der Dreieinigkeit aufruft, um sowohl ein Ausblenden der Trinität als auch eine Art Vielgötterei zu überwinden.

Im Dialog mit Judentum und Islam möchte er zeigen, daß die Selbstmitteilung Gottes, an die auch Juden und Muslime glauben, ihr Ziel in einem absoluten Heilbringer bzw. Sohn Gottes haben muß und die Trinitätslehre die abschließende Formel für die Endgültigkeit und Unüberbietbarkeit der Offenbarung bereithält (Schriften, Bd. 13, S. 129–147).

Rahner diskutiert die seit der Kontroverse um die Theologie des Arius entscheidende Frage: Auf welcher Seite steht die Mitteilung, die Gott in seiner Offenbarung macht? Gehört das, was Gott mitteilt, auf die Seite Gottes selbst, oder gehört es auf die Seite des Geschaffenen?

Wenn der Islam die Überzeugung teilt, Mohammed sei das „Siegel der Propheten" und die ihm zuteil gewordene Offenbarung sei endgültig und nicht mehr zu überbieten, dann muß das Offenbarungswort, das an ihn ergangen sein soll, *Gottes* Wort sein; das Offenbarungswort muß ganz auf der Seite Gottes stehen und göttlich sein. Denn nur Gott ist nicht mehr überbietbar. Nur ein göttliches Wort kann Endgültigkeit für sich in Anspruch nehmen. Ein von Gott nur geschaffenes, nicht-göttliches Wort, durch das er sich mitteilen wollte, müßte niemals Gottes letztes Wort sein. Alles Geschaffene läßt sich unendlich überschreiten – auch ein nur geschaffenes Wort Gottes. Rahner nimmt den Koran ernst, wenn er bemerkt, daß das Kommen Gottes in die Zeit den Gedanken an ein göttliches Wort nahelegt. Auch innerhalb des Islam wurde diese Frage diskutiert. So sah mancher islamische Theologe im Offenbarungswort an Mohammed nur eine geschaffene Größe. Denn die geläufige Formel, der Koran sei eine Art Abschrift des göttlichen Urwortes (oder des himmlischen Koran), könnte gerade die Einzigkeit Gottes relativieren, die man der christlichen Trinitätslehre entgegenzuhalten versuchte. In der Tat nähert man sich mit der Vorstellung von einem göttlichen Urwort (oder himmlischen Koran) den trinitarischen Aussagen des Johannes-Evangeliums: „Am Anfang war das Wort, und das Wort war Gott" (Joh 1,1). Andererseits löste man mit der Rede vom Geschaffensein des „Urkoran" die Grundlage auf, auf der allein die Behauptung, Mohammed sei das „Siegel der Propheten" und er habe das letzte, endgültige Wort Gottes empfangen, überzeugen kann.

Ein zweites gibt Rahner zu bedenken. Wenn die Verbindung von Botschaft bzw. Gottes Wort und Bote immer nur in der Weise gegeben ist wie bei einem Propheten, dann ist auch diese Einheit prinzipiell überbietbar. Eine engere, intensivere Einheit bliebe nämlich stets möglich: die Überwindung des von jedem alttestamentlichen Propheten wahrgenommenen Abstandes zwischen der göttlichen Botschaft und ihm als Boten. Nicht widersinnig, sondern sehr wohl denkbar ist daher die absolute Einheit von göttlicher Botschaft und menschlichem Boten: daß der Bote nur lebt und existiert durch die Botschaft (das Wort) selbst und deswegen als Mensch die nicht mehr zu überbietende Selbstmitteilung Gottes in der Menschheits- und Religionsgeschichte darstellt.

Kein Prophet, auch nicht Mohammed, hat sich als derjenige verstanden, in dem Gottes Wort „Fleisch" angenommen hat. Jesus versteht sich jedoch als die Heilsgegenwart Gottes in Person; in seinem Wort kommt Gottes Wort zu den Menschen. Er vermittelt die Vergebung Gottes im Mahl mit den Sündern. Diese sündenvergebende Praxis wird von seinen Gegnern als Anmaßung göttlicher Vollmacht verstanden, oder eben positiv gesagt: In Jesus ist Gott selbst da, der den

Sünder wieder in die Gemeinschaft mit sich führen möchte. Rahner ist der Überzeugung, wenn man einmal angefangen hat, wie im Judentum und Islam, von einem sich offenbarenden Gott zu sprechen, dann läuft dies auf den Gedanken der Menschwerdung Gottes, des absoluten Heilbringers, und der hypostatischen (personalen) Union von göttlicher und menschlicher Natur hinaus. Erst dort, wo man von der Menschwerdung Gottes bzw. des göttlichen Wortes ausgeht, erreicht die Offenbarung ihren nicht mehr zu überbietenden Höhepunkt. Rahner versteht das Christentum daher als erfülltes Judentum und als Vollendung des Islam und den Trinitätsglauben als konkreten Monotheismus.

Mit seinen religionsphilosophischen Überlegungen demonstriert Rahner zudem, daß es auch höchst „menschlich" ist, an die unbedingte, absolute Selbstgabe Gottes zu glauben. Solange Gott immer nur durch ein geschaffenes Wort da ist, kann der Mensch zu Recht darauf hoffen, Gott werde sich ihm einst ganz, in göttlicher Weise, schenken.

Die Trinitätslehre, im Zusammenhang mit der Christologie, bringt nach Rahner den unübersteigbaren Höhepunkt der Offenbarung auf den Begriff und in dieser Hinsicht die innere Tendenz des Judentums und des Islams. Die Trinitätslehre sagt, die Mitteilung Gottes ist Gott selbst, ist göttliches Wort. Sie sagt, Gott ist nie ohne dieses Wort – so, wie ein Vater nie ohne einen Sohn Vater ist. Jesus existiert als der Sohn in radikaler Bezogenheit auf Gott, den Vater; er nennt ihn Abba (Mk 14,36). Und Gott, der Vater, existiert nur in Bezogenheit auf diesen Sohn, der ihn offenbart. Jesus verkündigt sich indirekt als Sohn Gottes, indem er von Gott, als seinem Abba spricht und nur aus dieser Beziehung heraus Gottes Nähe und Reich in Person für die Menschen ist.

Jesus ist, so Rahner, die *konkrete geschichtliche Daseins- und Gegebenheitsweise* des Sohnes, der zugleich auf die andere *Gegebenheitsweise* Gottes, nämlich den Vater, verweist, ohne den kein Sohn zu denken ist.

Nebenbei gesagt, will Jesus mit der Gleichsetzung von Gott und Vater keine Vermännlichung Gottes betreiben. Gott ist körperloser Geist und hat daher kein Geschlecht, das Körperlichkeit voraussetzt. Die Bezeichnungen *Vater* und *Sohn* wollen eine unauflösbare *Beziehung* zum Ausdruck bringen und damit zugleich, *wie* Gottes Einheit wirklich ist.

Der Heilige Geist

Die dritte *Gegebenheits*weise Gottes blieb bislang unerwähnt: der Heilige Geist. Seine Göttlichkeit wurde bereits indirekt erläutert: Er ist das übernatürliche Licht, in dem Jesus als der Sohn Gottes und exklusive Weg zu Gott, dem Vater, erkannt wird. Rahner bringt ihn insbesondere mit der Liebe in Zusammenhang: Der Heilige Geist treibt den Menschen zur liebenden Annahme der *Wahrheit Gottes* in Jesus. Wahrheit und Liebe entwickelt Rahner zudem als die maßgeblichen Aspekte, die die ökonomische Trinität vom Menschen aus haben muß – entsprechend den beiden Hauptvermögen des menschlichen Geistes, Erkennen/Sich-zu-erkennen-geben und Wollen (Freiheit).

Wahrheit Gottes bedeutet im Alten Testament vor allem Treue Gottes, im Johannes-Evangelium Unverborgenheit und Offenbarkeit Gottes.

Die biblische Grundlage, um von der Göttlichkeit und Personalität des Heiligen Geistes sprechen zu können, erläutert Rahner im *Grundkurs* nicht allzu ausführlich, jedoch in anderen Schriften. Rahner spricht im *Grundkurs* über den Heiligen Geist hauptsächlich in dem Sinn, daß Gott als Heiliger Geist die innere Mitte des Menschen erfüllt.

Auch in diesem Zusammenhang versucht Rahner die Schultheologie zu erneuern. Diese verstand Gnade vor allem als eine an der menschlichen Seele von Gott bewirkte neue Qualität, die aus dem Sünder einen geheiligten Menschen macht. Weniger wurde dabei herausgestellt, daß durch diese sogenannte von Gott am Menschen *geschaffene* Gnade Gott selber im Menschen präsent ist bzw. daß man vielmehr auch umgekehrt sagen muß: Weil Gott als Heiliger Geist im Menschen einwohnt, kommt es zu einer entsprechenden inneren gnadenhaften Veränderung des Menschen. Rahner will also die sogenannte *Einwohnung* Gottes als Heiliger Geist im Herzen des Menschen neu zu bedenken geben. Gott, der im Herzen des Menschen einwohnt, wird von Rahner auch (mit einem Begriff der Schultheologie) die ungeschaffene Gnade genannt: Gott als Heiliger Geist im Menschen, die ungeschaffene Gnade, bewirkt also eine geschaffene Gnade, z. B. die Vergebung der Sünden, die Heiligung oder die Glaubenserkenntnis, daß Jesus der Sohn Gottes ist, die Verbindung mit der Kirche etc. (Schriften, Bd. 1, S. 347–375).

Vgl. KARL RAHNER, *Von der Not und dem Segen des Gebetes*, 9. Aufl. 1977, S. 28 ff., 33.

Die Exerzitien des hl. Ignatius von Loyola versuchen für diese Präsenz des Heiligen Geistes im Menschen die Augen zu öffnen. Der Jesuit Rahner bemüht sich, die Theologie des Heiligen Geistes insbesondere in dieser gnadentheologischen und spirituellen Hinsicht anzugehen.

Vgl. KARL RAHNER, *Einübung priesterlicher Existenz*, 2. Aufl. 1971, S. 271–279.

Eine von Rahner gerne angeführte Geist-Erfahrung ist die Erfahrung des Trostes und der inneren Zufriedenheit. Der Geist Gottes wirkt, wenn jemand etwas Gutes tut, ohne in falscher Weise auf Anerkennung zu hoffen. Der Geist schenkt innere Freude, in der Gewißheit an Gott gebunden zu sein, gerade dann, wenn das eigene Leben mehr einem Fallen und Dahinstürzen gleicht denn einem selbstsicheren Stehen (Schriften, Bd. 13, S. 240 ff.).

Daß der Geist Person ist, zeigt sich für Rahner aus biblischer Sicht daran, daß Jesus sehr wohl den Geist von sich zu unterscheiden vermag, wenn Jesus ihn als Kraft kennt, in der und mit der er das Reich Gottes den Menschen präsent macht, und wenn er ihn den Menschen als Gabe Gottes, die Gott selbst enthält, schenken möchte. Jesus weiß sich als der Messias (hebräisch) und Christus (griechisch) Gottes, d. h. als der vom Geist Gottes *Gesalbte,* der das Evangelium verkündet, ja ist. Der Heilige Geist heiligt und stärkt den menschlichen Willen Jesu bei der im Tod Jesu aufgipfelnden Annahme der Selbstmitteilung Gottes. Jesus steht in einem Verhältnis zum Geist Gottes, ohne den er, Jesus, nicht zu verstehen ist, sowenig wie unabhängig von seinem Verhältnis zu Gott, dem Vater.

Die sich in diesen Beziehungsverhältnissen abzeichnende Personalität des Heiligen Geistes reflektiert besonders das Johannes-Evangelium. In den sogenannten Abschiedsreden legt der Evangelist eine unausschöpfliche Trinitätstheologie vor (Joh 13,31–17,26), die Rahner z. B. in einer Predigt bedenkt. Rahner macht darauf aufmerksam, daß Jesus den Heiligen Geist auf eine Stufe mit sich stellt: Dieser Geist sei der andere Paraklet, der Beistand und Tröster, der nun bei den Jüngern nach seinem Heimgang zum Vater seinen Platz einnehmen werde. Rahner führt aus, daß es deshalb kein Vakuum gebe trotz des Fortgangs Jesu. Wie Jesus die geschichtliche Präsenz Gottes darstellt, so repräsentiert sie ebenso der Geist. Viele Tätigkeiten schreibt Jesus dem Heiligen Geist zu. Sie setzen stets ein Personzentrum voraus, aus dem diese Tätigkeit hervorgehen (er lehrt die Jünger, erinnert sie an die Worte Jesu, führt sie in die Wahrheit Jesu weiter ein, spricht durch und aus den Jüngern usw.).

Vgl. Karl Rahner, *Das große Kirchenjahr. Geistliche Texte*, 1987, S. 322–325.

Von der ökonomischen zur immanenten Trinität

Die biblischen Befunde zusammenfassend spricht Rahner von drei unterschiedlichen konkreten *Daseins-* und *Gegebenheitsweisen* Gottes in der Heilsgeschichte. Diese Gegebenheitsweisen seien zudem innerlich und untrennbar aufeinander bezogen und stifteten eine dreifach differenzierte Beziehung Gottes zum Menschen. Seinem Grundsatz gemäß, daß die heilsgeschichtliche Trinität die immanente Trinität ist, müssen diese *drei Daseinsweisen Gottes in der Geschichte* einen „Durchblick" auf die *Existenzweisen* gestatten, als welche Gott in sich ist.

In der theologischen Fachsprache bezeichnet man nun das *Existieren* auch mit dem Begriff *Subsistieren*. Gemeint ist das Realsein einer Substanz, man könnte auch sagen: eines Wesens. Auf den Menschen übertragen, bedeutet dies: Das

Menschsein ist das menschliche Wesen. Wir alle sind Menschen, weil wir alle das Wesen „Mensch“ besitzen. Oder noch allgemeiner gesagt: Das Wesen einer Sache klärt uns darüber auf, *was* etwas ist. Was sind wir? Wir sind Menschen, weil wir das Wesen „Mensch“ besitzen (Geistseele, Leib, Bewußtsein, Freiheit ...). Aber *wer* besitzt dieses Menschsein? Jeder einzelne – jeder als menschliche Person. Im Personsein unterscheiden wir uns. Der Personalausweis gibt kurz Auskunft über unsere unverwechselbare Identität. Das Personsein bezeichnet nun auch die jeweilige konkrete, einmalige, unvertretbare Existenz- oder Subsistenzweise des Wesens „Mensch“. Nur besessen von einer Person existiert das Menschsein; das Menschsein existiert niemals abstrakt, losgelöst von einem personalen „Besitzer“.

Rahner sagt nun, im einen Gott gebe es drei Personen, also drei Subsistenzweisen; drei Subsistenzweisen „besitzen“ das eine, unteilbare göttliche Wesen. Vater, Sohn und Geist bezeichnen die Weisen, wie Gottes Wesen (= Substanz, Natur) konkret real ist.

Beim Mensch ist es freilich immer so, daß *eine* Person *ein einzelnes* menschliches Wesen besitzt. Bei Gott besitzen drei Personen das eine und einzige göttliche Wesen. Eine unmittelbare Anschauung oder Vorstellung kann man sich davon nicht machen, da in unserer Erfahrung etwas Ähnliches nicht vorkommt. Freilich werden wir noch sehen, ob sich ein Gott, der „nur“ *eine* Person ist, unbedingt auch „leichter“ vorstellen läßt. Um den Unterschied von Vater, Sohn und Geist bei gleichzeitiger Bezogenheit aufeinander zum Ausdruck zu bringen, setzt Rahner vor den Begriff Subsistenzweise das Adjektiv *distinkt*: verschieden, unterschieden. Seine trinitätstheologische Formel lautet somit: „Der eine Gott subsistiert [= ist wirklich, existiert] in drei distinkten Subsistenzweisen“ (Der dreifaltige Gott, S. 389).

Den Begriff *Subsistenzweise* schlägt Rahner zur Erläuterung, möglicherweise auch als Ersatz des zu tritheistischen Mißverständnissen verleitenden Begriffs Person vor (S. 166). Ebenso warnte er aus dem gleichen Grund davor, zu unreflektiert von einem väterlichen Ich und sohnhaften Du zu sprechen. In Gott gebe es nicht drei Ichs im Sinn von drei einzelnen Individuen.

Einwände

Rahners terminologischer Vorschlag hat, salopp gesagt, ein großes Hallo ausgelöst. Die komplizierte Sprechweise schien vielen alles andere als werbewirksam in Sachen „Wiederbelebung des Trinitätsglaubens". Kann man zu einer *distinkten Subsistenzweise* beten? Aber auch der Ausdruck *-weise* erregte Bedenken: Werden mit ihm nicht Vater, Sohn und Geist auf bloße Ausformungen oder Abwandlungen des einen göttlichen Wesens reduziert? Wirkte sich hier nicht Rahners Seinsverständnis ungünstig aus. Wenn nach *Hörer des Wortes* und in geistiger Nähe zu Hegel Sein *Subjektivität* bedeuten soll, das göttliche Sein eingeschlossen (Werke 4, S. 76), liegt es dann nicht auf der Hand, das göttliche Wesen als absolute Subjektivität zu verstehen, die sich in drei Weisen zu sich verhält? In ähnlicher Weise hatte Hegel die Trinität konzipiert: als in drei Durchgangsstufen sich vollziehende absolute Subjektivität (als Vater ist das absolute Subjekt einfach nur undifferenziert da; als Sohn unterscheidet es sich von sich, verhält sich zu sich, gewinnt Bewußtsein, reflektierte Selbstbezogenheit; als Geist ist das absolute Subjekt die Einheit seiner selbst als Vater und seiner Entgegensetzung als Sohn). Rahners Angst, von einem Ich des Vaters und des Sohnes zu sprechen, bestätigt diese Bedenken offenbar: Sind nach Rahner Vater, Sohn und Geist nur drei Weisen eines einzigen absoluten Ichs? Um den Tritheismus zu vermeiden, den die Rede von drei Personen nur zu leicht provoziere, scheint Rahner sozusagen das Kind mit dem Bade auszuschütten. Die Personen verkümmern zu jenen Subsistenzweisen. Hätte Rahner – nach dem oben schon erläuterten Vorwurf – nicht unter Person vorwiegend den individuellen Selbstand und das Beisichsein verstanden, hätte er vielmehr zugleich die Bezogenheit der

Person auf andere mitbedacht, hätte er auch mit diesem modifizierten Personbegriff die immanente Trinität als beziehungsreiches Leben von Vater, Sohn und Geist besser darstellen können. Schließlich spricht Jesus den Vater ganz eindeutig als Du an, also als Person, und nach der Tauf- und Verklärungsperikope z. B. spricht der Vater ebenso den Sohn als Du an: Du bist mein geliebter Sohn.

Kurzum, Rahners große trinitätstheologische Initiative hält offensichtlich nicht, was sie verspricht. Hinzu kommt, daß Rahner immer deutlicher die Geheimnishaftigkeit Gottes unterstrich und große Vorsicht walten ließ, bei näheren Erläuterungen der innergöttlichen Wirklichkeit. In diese betont herausgestellte göttliche Geheimnishaftigkeit schien nun auch die Dreifaltigkeit zu versinken und die Konturen zu verlieren.

Hans Urs von Balthasar ging genau den umgekehrten Weg – mit entsprechender Kritik an Rahner. Balthasar bereitete es keine Schwierigkeiten – ganz dem Grundsatz Rahners gemäß – auch innertrinitarisch von einem Ich, Du und Wir der göttlichen Personen zu sprechen. Rahner warf Balthasar im Gegenzug einen Hang zum *Gnostizismus* vor, d. h. hier zu einem vorlauten Bescheidwissen über Gottes Innenleben (Rahner im Gespräch 1, S. 245 f.). Die Retourkutsche kam prompt.

Andererseits machte Balthasar darauf aufmerksam, daß man einen abschließenden Begriff der Dreifaltigkeit nicht imstande ist zu formulieren. Man könne nur von zwei Seiten das Mysterium der Trinität angehen. Man könne entweder von der heilsgeschichtlich klar hervortretenden Dreiheit der Personen auf die Einheit Gottes hin denken. Dabei mag der Eindruck entstehen, die wesenhafte Einheit Gottes sei etwas Nachträgliches, was wiederum falsch ist. Oder man bewegt sich theologisch von der Einheit des göttlichen Wesens, das „zunächst" im Vater wirklich ist, auf die Dreiheit zu, was aber leicht dazu führen kann, daß man das personale Profil von Sohn und Geist abschleift, möglicherweise auch das des Vaters, wenn man ausschließlich vom göttlichen Wesen aus

Siehe Hans Urs von Balthasar, *Theologik 1: Wahrheit der Welt*, (1947) 1985; S. 35 f.

denkt. Im Chor der theologischen Stimmen haben demnach sowohl Rahners als auch Balthasars trinitätstheologische Ansätze ihre Berechtigung; sie korrigieren sich gegenseitig aus ihrer – vielleicht letztendlich unvermeidlichen – Einseitigkeit heraus.

Zumindest in einem bestimmten Maß weiß auch Rahner Akzente zu setzen, die der Kritik etwas den Wind aus den Segeln nehmen sollten. Um zu erklären, was nun eigentlich das Wort *Subsistenz* bedeute, verweist er auf die menschliche Selbsterfahrung: Man erkenne seine eigene Subsistenz, sobald man sich selbst als eigenes unvertretbares *Dies-da* erfaßt. Subsistenz heißt demnach soviel wie unvertretbar Existierendes Ich, heißt Person (Der dreifaltige Gott, S. 390). Aus diesem Blickwinkel könnte man also von drei *Dies-da* in Gott sprechen, von drei unvertretbaren Subjektivitäten, ja von drei Ichs und Personen. Ganz ausdrücklich weist Rahner Hegels Gedanken zurück, Gottes Wesen sei ein einziges absolutes Subjekt, als dessen Momente Vater, Sohn und Geist zu verstehen seien.

Andererseits hebt Rahner – zu Recht – hervor, daß es im einen Gott nur ein Bewußtsein gebe, da es eben nur ein Wesen gibt. Jedoch ist dieses eine Wesens-Bewußtsein nicht für sich real, sondern insofern es ein Moment der konkreten göttlichen Person ist. Daß Rahner *Bewußtsein* als Eigenschaft des göttlichen Wesens versteht und nicht als eine Bestimmung, die erst das Personsein begründet, mag irritieren. Nach heutigem Sprachgebrauch identifiziert man gewöhnlich Person und Bewußtsein bzw. Selbstbewußtsein. Das tut auch Rahner, wie gesehen. In der klassischen Sprache der christologischen und trinitätstheologischen Dogmen werden aber Bewußtsein wie auch Erkennen, Wille und Freiheit als Eigenschaften des Wesens verstanden. Das Personsein konkretisiert dieses Wesen mit seinen Eigenschaften, macht aus dem Selbstbewußtsein *dieses* konkrete *dieses* Menschen. Da Gott nur ein Wesen (Natur, Substanz) ist, gibt es auch nur ein göttliches Bewußtsein, ein Erkennen, einen Willen usw. Allerdings, wie erläutert, existiert dieses Wesen nicht für sich, sondern nur personal, als gemeinsames Wesen von Vater, Sohn und Geist. In diesem Sinn ist das eine göttliche Bewußtsein nur real als – so Rahner – Moment an den göttlichen Personen (Der dreifaltige Gott, S. 366, Anm. 28). Das bedeutet: real (= *subsistent*) ist das eine göttliche Bewußtsein (Erkennen, Wollen usw.) nur als das des Vaters, des Sohnes und des Geistes. Den Unterschied der Personen kann man also einerseits nicht durch Eigenschaften des einen göttlichen Wesens verständlich machen wie Bewußtsein, Erkennen, Wille, Allmacht, Liebe usw. Andererseits existieren alle diese Wesenseigenschaften im Vater, Sohn und Geist und insofern nur *in unterschiedlicher Weise.*

Wodurch unterschieden sich die Personen aber, wenn nicht ursprünglich durch ein unterschiedliches Bewußtsein oder Wollen? Rahner schließt sich bei dieser Frage der klassischen Trinitätstheologie an und will sie doch durch den Begriff der *Weise* verändern. Der klassischen Trinitätstheologie zufolge begründen die verschiedenen Beziehungen (fachsprachlich: *Relationen*) zueinander die Unterschiede der Personen, deren *Distinktheit*, wie Rahner sagt. Die Beziehung der Vaterschaft begründet z. B. die Person des Vaters. Ja, die göttlichen Personen existieren nur als sich voneinander unterscheidende Beziehungen zueinander. Diese existierenden (sich voneinander unterscheidenden und zugleich aufeinander bezogenen) Beziehungen (oder subsistierenden Relationen), als welche die Personen wirklich sind, nennt Rahner *distinkte Subsistenzweisen.*

Die menschliche Person ist keine *subsistierende Relation*, da sie nicht in Beziehungen aufgeht, schon gar nicht mit nur einer Beziehung zusammenfällt. Der Mensch *hat* Beziehungen, *ist* sie aber nicht; er *existiert* nicht als Beziehung(en), wenngleich *in* Beziehung(en).

Der göttliche Vater ist (*existiert, subsistiert*) jedoch als Beziehung zum Sohn. Die Beziehung des göttlichen Vaters zum Sohn nennt man ganz einfach Vaterschaft. Durch die Vaterschaft ist der Vater der Vater. Durch die Vaterschaft unterscheidet sich der Vater zugleich vom Sohn, obgleich die

Vaterschaft nichts anderes besagt, als auf den Sohn bezogen zu sein. Die Beziehung des Sohnes zum Vater ist durch die Sohnschaft gekennzeichnet. Wie die Vaterschaft die Person oder *Subsistenzweise* des Vaters begründet, so die Sohnschaft das Dasein des Sohnes. Der Heilige Geist ist dadurch als Person oder *Subsistenzweise* begründet, daß er sich Vater und Sohn verdankt, die ihn, wie man in Anlehnung an den biblischen Sprachgebrauch sagt, gemeinsam hauchen. Also in der Weise des *Gehauchtwordenseins* bezieht sich der Geist auf Vater und Sohn; durch diese Beziehung ist er die dritte *Subsistenzweise* oder die dritte göttliche Person.

In ihrer Bezogenheit aufeinander, durch die sich Personen oder *distinkte Subsistenzweisen* einerseits unterscheiden, sind sie andererseits auch untrennbar geeint: niemals ist der Vater Vater ohne den Sohn usw. Einheit und Verschiedenheit der göttlichen Personen sind immer zugleich gegeben. So *ist* immer nur ein Gott, doch dieser eine Gott ist immer nur wirklich in den verschiedenen Beziehungen, durch die die göttlichen *Subsistenzweisen* (Personen) begründet und zugleich untrennbar geeint sind.

Rahner räumt ein, daß wir uns das Gesagte nicht nochmals näher vorstellen oder veranschaulichen können. Allenfalls verschiedene Hilfestellung bieten sich an. Rahner verweist auf die sogenannte *psychologische Trinitätslehre*, die insbesondere Augustinus und Thomas von Aquin entwickelt haben und die von vielen anderen Theologen weitergeführt wurde.

Die psychologische Trinitätslehre erhellte im Blick auf die menschliche Psyche (Seele) die Möglichkeit, daß es in Gott zwei Hervorgänge – die Zeugung des Sohnes und die Hauchung des Geistes – geben kann, ohne daß dadurch die Einheit Gottes aufgelöst wird. Wieso also spalten diese Hervorgänge Gott nicht auf in verschiedene Teile?

Ein Blick auf die menschliche Seele zeigt, daß aus ihrem Erkenntnisvermögen ein Wort oder Gedanke hervorgehen kann und daß es ebenso die geistige Tätigkeit des Wollens und Strebens in der Seele gibt, die sich durchaus zu lieben vermag, indem sie das Wort (den Gedanken) liebt, in dem sie sich widerspiegelt und denkt. Weder die beiden geistigen Tätigkeitsweisen, noch das Hervorgehen eines inneren geistigen Wortes in der Seele zerspalten sie. Im geistigen Bereich sind offenbar Unterschiede möglich, die nicht zu einer Aufspaltung in verschiedene Teile führen – wie hingegen im materiellen Bereich. Wenn Gott Geist ist (Joh 4,24), dann spricht nichts dagegen, ihm zwei geistige Tätigkeitsweisen zuzusprechen, die ihn nicht aufspalten, deren Unterschied jedoch illustrieren kann, daß es in Gott zwei verschiedene geistige Hervorgänge gibt: einen gemäß der Tätigkeit des Erkennens oder Sichaussprechens in einem Wort, einen anderen nach der Weise des Strebens oder Liebens. Auch das Lieben ist produktiv: die Liebe bringt sich selbst hervor, Liebe steckt an, gibt sich weiter, ohne weniger, sondern um mehr zu werden. Eine sich selbst in ihrem Wort-Bild vollkommen liebende Seele bringt die Frucht der vollkommenen (nicht egoistischen) Selbstliebe hervor, kraft der sich die Seele annimmt und sich wertvoll macht, auch für andere. Leichter wäre es natürlich, von der gegenseitigen Liebe zweier Seelen zu sprechen, die einen Dritten als Ausdruck ihrer Liebe wollen – in dieser Weise denkt etwa Richard von St. Viktor († 1173): die Liebe braucht Zwei, die vollkommene Liebe den Dritten, auch in Gott. Aber man würde damit das von Rahner herangezogene Gleichnis „Seele – Gott" sprengen, das vor allem die geistige Einheit Gottes verständlich machen will, in der es dennoch Differenzen gibt.

Jedoch vergißt Rahner nicht, auch auf besondere Schwierigkeiten dieser psychologischen Trinitätslehre hinzuweisen: Geklärt wird z. B. nicht, wie aus dem Hervorgang des Wortes eine subsistierende, reale Beziehung wird: die Vaterschaft bzw. Sohnschaft, durch welche Vater und Sohn in ihrem Personsein begründet werden. Beim Menschen folgt aus der Bildung eines Gedankens in seinem Geist ja nicht, daß der Gedanke selbst zu einer Subsistenzweise der Seele wird. In der Tat kann die psychologische Trinitätslehre nur illustrieren, daß zwei geistige Tätigkeiten in Gott gegeben sein müssen und gemäß diesen unterschiedlichen Tätigkeiten zwei Hervorgänge *möglich* sind.

Leicht verständliche Dreifaltigkeit?

Diese Hinweise zu Rahners Trinitätstheologie mögen vielleicht erneut den Eindruck erwecken, daß sie nicht viel an den üblichen Schwierigkeiten mit dem Trinitätsdogma ändert. Nochmals: Wie soll man sich subsistierende Beziehungen bzw. distinkte Subsistenzweisen als Realitätsformen des einen göttlichen Wesens vorstellen?

Kurz gesagt, eine anschauliche Vorstellung kann niemand von der Dreieinigkeit vermitteln, auch nicht Karl Rahner. Wir können uns schon unsere Seele nicht vorstellen oder deren Vorgriff auf das Sein im Ganzen, ebensowenig gelingt es uns, die Würde des Menschen unmittelbar zu veranschaulichen. Unser Vorstellungsvermögen ist immer sinnlich geprägt. Deshalb stellen wir uns auch geistige, unanschauliche Sachverhalte doch irgendwie zeitlich und räumlich vor. Dadurch ergeben sich allerdings schnell Verstehensschwierigkeiten. Nicht geringe Anstrengungen sind vonnöten, um hier weiterzukommen. Man muß vor allem im Sinn der Analogie zu denken versuchen.

Wie wichtig das analoge Denken ist, um schon die – angeblich viel eingängigere – Vorstellung von Gott als einer Person wirklich zu begreifen, wurde bereits deutlich (siehe S. 117–121). Die theologische Rede davon, daß der eine Gott die personale Gemeinschaft von Vater, Sohn und Geist ist, ist letztlich kaum schwieriger als die Rede von Gott als einer Person. Der gegenteilige Eindruck stellt sich eben nur ein, wenn man über das eine Personsein Gottes nicht weiter nachdenkt. Alles scheint sofort klar zu sein, weil man die Idee vom eigenen Personsein *univok* auf Gott überträgt – was jedoch falsch ist.

Daß es sogar denkerische Vorteile hat, von Gott als Dreieinigkeit zu sprechen denn von Gott als nur einer Person, kann man durch folgende Überlegungen demonstrieren, die Rahners Ausführungen über die Theologie der Menschwerdung und des Symbols zu entnehmen sind (Schriften, Bd. 4, S. 137–155, 275–311).

Denkt man Gott nur als eine Person, dann wird es schwierig zu verstehen, wie Gott sich in Beziehung zu anderem, zu etwas, was er nicht ist, zu setzen und sich darin auch auszudrücken vermag, ohne daß sich dabei für ihn etwas wesentliches ändert, was ja nicht der Fall sein darf: Gott ist unveränderlich er selbst; er braucht keine Veränderung, weil er absolut vollkommen ist. Ist Gott nur *eine* Person (oder der absolute Eine oder ein abstraktes, unpersönliches Eines) kann er sich immer nur auf sich selbst beziehen, wenngleich dies, wie erläutert, bei Gott keinen Egoismus bedeutet. Dennoch scheint für den einpersonalen Gott mit der Erschaffung der Welt etwas Neues hinzukommen: eine Beziehung zu anderem. Würde die Erschaffung der Welt für Gott aber eine Art Zuwachs bedeuten, mit der Schöpfung sich jetzt auch auf anderes, auf den Menschen, beziehen und diesen Anderen lieben zu können, dann wäre Gott für sich nicht absolut vollkommen; er wäre abhängig von der Welt; er hätte sie hervorbringen *müssen*, um sich selber zu vervollkommnen. Denkt man Gott jedoch bereits als Geheimnis der Liebe, die bereits den Anderen einschließt, löst sich diese Schwierigkeit auf. Weil die göttlichen Personen reine Beziehungen aufeinander darstellen, weil der dreifaltige Gott in sich bereits zugleich Selbstbezug und Bezug auf wirkliches Anderes ist, weil Vater, Sohn und Geist einander jeweils Andere sind, deshalb fügt die Beziehung Gottes zur Welt nicht etwas zu Gottes Realität hinzu. Nur der dreieinige Gott ist schon in sich beziehungsreich und nicht erst mit der Welt, durch seinen Bezug auf sie. Diese Unabhängigkeit Gottes von der Welt garantiert, daß Gott sich immer frei und auch aus reiner selbstloser Liebe auf die Welt und den Menschen zu beziehen vermag und nicht irgendwie gezwungenermaßen, zwecks eigener Selbstvervollkommnung, beziehen muß.

Nur ein freier Gott ist wohl auch imstande, einen freien Menschen zu erschaffen. Der Evangelist Johannes sagt zu Beginn seines Evangeliums, daß die Welt durch das Wort Gottes und in diesem Wort erschaffen wurde, also im Blick auf den Sohn und durch ihn. Denn der Sohn, der eben nicht der Vater ist, ist in der Tat das Urbild „des Anderen“ überhaupt. So wird die

Welt in diesem Anderen, dem Sohn, geschaffen und auch – konsequenterweise – erlöst und nicht durch eine Menschwerdung des Vaters oder des Heiligen Geistes.

Rahner begründet mit dem Hinweis auf die Dreieinigkeit die Positivität der endlichen Vielheit, d. h. der verschiedenen Dinge und Lebensformen, sowie das Werden in dieser Welt. In zahlreichen Philosophien und Religionen wird die Vielheit des Endlichen und das Werden der Dinge meist negativ gewertet, als Abfall vom Ureinen, Absoluten, das nicht *wird.* Die bewegte Materie gilt darum oft als etwas Böses. Erlösung bedeutet dann immer Entweltlichung, Flucht aus der Vielheit, Flucht aus dem Werden von Zeit und Raum. Rahner macht im Gegenzug darauf aufmerksam, daß der Glaube daran, daß es in Gott die Pluralität von Vater, Sohn und Geist gibt, auch die Pluralität im endlichen Bereich als positives Nachbild der innergöttlichen Differenz und Verschiedenheit verstehen läßt. Ebenso spiegelt sich in den verschiedenen Werdeprozessen der Welt das innergöttliche, zeitlose, ewige Werden wider: das Hervorgehen des Sohnes aus dem Vater und des Geistes aus Vater und Sohn. Und in der Tat haben philosophiegeschichtliche Studien den Beweis erbracht, daß mit der Trinitätslehre des Christentums Vielheit, Differenz, Unterschied, Werden nicht nur als Gegensätze zur Einheit oder als negative Größen aufgefaßt, sondern als etwas Positives, Bereicherndes betrachtet wurden. Ein positives Verständnis der Vielheit und des Werdens im Endlichen Bereich ist mit dem Glauben an einen nur einpersonalen Gott wesentlich schwieriger zu begründen.

Vgl. Rolf Schönberger, *Die Transformation des klassischen Seinsverständnisses. Studien zur Vorgeschichte des neuzeitlichen Seinsbegriffs im Mittelalter,* 1986, S. 74–94.

Man könnte hier noch durch weitere Überlegungen verdeutlichen, daß die Trinitätslehre in vielen Punkten Vorteile bietet, um gerade das Verhältnis von Gott und Welt besser zu verstehen, ja daß es in einem bestimmten Sinn „vernünftiger" ist, an die Dreieinigkeit denn an nur einen einpersonalen Gott zu glauben.

Nicht zu vergessen ist ebenfalls wiederum Rahners Überlegung: Wenn sich zeigen läßt, daß der Mensch auf Gottes freie Selbstmitteilung angelegt ist, also darauf, daß Gott sich selber schenkt, dann ist er auf den dreieinigen Gott hin angelegt, der allein derjenige zu sein vermag, der sich endgültig mitteilt: der als Vater der Mitteilende, als Sohn die Mitteilung und als Geist die göttliche Kraft ist, das Mitgeteilte anzunehmen. Nur der Dreieine „paßt" zu dem Menschen, der auf eine ihn erfüllende Begegnung und ewige Gemeinschaft mit Gott hofft.

Die Ekklesiologie: Die Kirche gehört zur Offenbarung

Diese Gemeinschaft des Menschen mit dem dreieinigen Gott vermittelt sich nach der Zeit Christi kategorial (= konkret, geschichtlich) durch die Kirche, das Volk Gottes. Aber auch der allgemeine Heilswille Gottes ist in seiner Gegenwart im Menschen als transzendentale Offenbarung bzw. übernatürliches Existential wesentlich auf die Kirche als Medium der Gemeinschaft mit der Dreifaltigkeit bezogen.

Die Lehre von der Kirche, die Ekklesiologie, entwickelt Rahner im *siebten Gang* des *Grundkurses.* Wiederum setzt er transzendental an. Die Möglichkeitsbedingung von Kirche liegt im Menschen als Wesen der *Interkommunikation.* Mit der Menschwerdung Gottes ist grundgelegt, daß durch den Menschen und seine wesenhafte Mitmenschlichkeit das Heil in Christus vermittelt wird. Der in Christus in seiner geschichtlichen Vollendung greifbare Heilswille Gottes schafft sich durch Christus, so Rahner, durch dessen Verkündigung des Gottesreiches auch ein Volk dieses Reiches, das Volk Gottes. Rahner kommt es darauf an zu zeigen, daß zur Realität des Reiches Gottes Menschen gehören, die dieses Reich im Glauben und in ihrem Leben annehmen. Auf diese Weise versucht er verständlich zu machen, daß zur Offenbarung Gottes die Konstitution der Kirche gehört, einer Heilsgemeinde. Die Kirche stellt nicht nur eine Art Reaktion auf die Offenbarung dar; sie ist kein Verein, der sich der „Pflege" der Offenbarungsweitergabe widmet. Die Kirche gehört vielmehr selbst innerlich zur Offenbarung dazu; sie ist der Ort, wo die Annahme der Selbstmitteilung Gottes im menschlichen Willen Jesu wiederum angenommen und weitervermittelt wird, und zwar kraft des Heiligen Geistes. Die Kirche ist die Gestalt, wie die Offenbarung in der Zeit gegenwärtig bleibt.

Die *Unfehlbarkeit* der Kirche ist ein anderes Wort für denselben Sachverhalt: für die, wie Rahner sagt, siegreiche Präsenz der Offenbarung in der Geschichte (siehe S. 52–54).
Bei der in Gott und seiner Offenbarung gründenden Unfehlbarkeit der Kirche geht es um keine vermessene Rechthaberei – so wie in dem SED-Lied „Die Partei hat immer recht". Es geht um die alle Menschen erreichende geschichtliche Selbstzusage Gottes durch das Gemeinschaftswesen Mensch.
Rahner entwickelt Kriterien, die dem Christen zeigen können, ob seine konkrete Kirche eine authentische Kontinuität in der Geschichte der Glaubensüberlieferung in Anspruch nehmen darf. Ein Kriterium ist die größtmögliche Nähe zum Urchristentum, da die geschichtliche Gegenwart der Offenbarungsüberlieferung diese Kontinuität in der Zeit von Anfang an mit sich bringt. Für Rahner zeigt sich so, daß dem Katholik das Recht zukommt, seine Kirche als wahre Kirche Jesu Christi zu begreifen, ohne deshalb Kirchlichkeit außerhalb der katholischen Kirche grundsätzlich ablehnen zu müssen. Die altkirchlichen Zeugnisse des Bischofsamtes und die recht schnelle Entwicklung des Papsttums rechtfertigen es Rahner zufolge, die katholische Kirche der Gegenwart in einer geschichtlichen Kontinuität mit den Ursprüngen der Kirche Jesu Christi zu sehen. Auch die 1530 verfaßte evangelische *Confessio Augustana* (Augsburger Bekenntnis) gehe von der Kirche mit Bischof und Papst aus, wenngleich Verfallsformen der konkreten Kirche angeprangert würden. Andererseits weist Rahner darauf hin, daß weder die spätmittelalterliche noch die katholische Kirche nach dem Konzil von Trient über sich Dinge gelehrt habe, durch die die geschichtliche Kontinuität der katholischen Kirche mit der Kirche aller Zeiten substantiell zerstört worden wäre. Ohne auf Detailfragen näher einzugehen, glaubt Rahner im *Grundkurs* damit begründet zu haben, daß der Katholik zu Recht davon ausgehen kann, daß seine Kirche die Kirche Jesu Christi vergegenwärtigt, und sich nicht etwa gezwungen sehen müßte, das evangelische Christentum anzunehmen, um in die geschichtliche Kontinuität der Kirche des Ursprungs mit der der Gegenwart eintreten zu können.

Ein weiteres Kriterium dafür, daß die römisch-katholische Kirche in der Wahrheit des Evangeliums steht, ist nach Rahner, daß die ursprünglich gegen die Kirche des 16. Jahrhunderts gemünzten drei reformatorischen *sola* (= „allein") auch im Katholizismus realisiert würden, im Glaubensgut der römisch-katholischen Kirche enthalten sind. Die drei *sola* stellen also die Kirchenzugehörigkeit des Katholiken nicht in Frage. Daß Gott sein Heil allein aus Gnade – *sola gratia* – dem Menschen zukommen lasse und der Mensch nicht eigenmächtig sein Heil zu erwirken vermöge, sei auch die Überzeugung des sich mit der Theologie der Reformatoren auseinandersetzenden Trienter Konzils. Allein aus dem Glauben – *sola fide* – ereigne sich die Rettung des Menschen auch nach katholischem Verständnis. Der Akt, mit dem der Mensch die Gnade annimmt, ist wiederum ein Geschenk Gottes an den Menschen und kein selbstbezogenes Tun oder Werk. Freilich hebt Rahner durch die Berufung auf die Gnade und den Glauben allein nicht den Sinn der guten Taten und Werke auf. Vielmehr zeige sich die Annahme der Selbstmitteilung Gottes (Gnade) in einem Glauben, der in der Liebe zu Gott und den Menschen wirksam wird.

Vgl. RAHNERS Lexikonartikel *Werke*, in: Taschenlexikon, Bd. 8: S. 156–159, hier S. 158.

Ausführlicher diskutiert Rahner das reformatorische Prinzip, daß die Heilige Schrift allein – *sola scriptura* – die Offenbarung Gottes bezeuge, und die kirchliche Überlieferung (Tradition) darum nicht von normativer Bedeutung für den Glauben sein könne. Im Gegenzug beruft sich Rahner auf die Ergebnisse der gerade auch im evangelischen Raum vorangetriebenen modernen Exegese. Danach steht fest, daß die Schrift selbst erst aus der kirchlichen Überlieferung erwachsen ist, die ihrerseits über die verschiedenen *Zeugen* der kirchlichen Überlieferung auf Jesus zurückgeht. Die Schrift „ist, weil Kirche ist" (Grundkurs S. 350). Deshalb betrachtet Rahner jeden Gegensatz zwischen Kirche, kirchlicher Überlieferung und Heiliger Schrift als der Schrift nicht gemäß. Ein extremes Verständnis des Sola-scriptura-Prinzips geht darum an der Schrift selber vorbei. Jedoch läßt Rahner keinen Zweifel daran, daß die Bibel als Norm der kirchlichen Überlieferung zu betrachten ist. So dürfen auch Glaubensinhalte der kirchlichen Überlieferung, die nicht direkt aus der Heiligen Schrift herzuleiten sind, wie z. B. die leibliche Aufnahme Mariens in den Himmel, zumindest Aussagen der Schrift nicht widersprechen.

Ein Bleiben in der katholischen Kirche ist also durchaus auch mit den evangelischen Grundprinzipien verständlich zu machen. Gleichzeitig führt Rahner diese Einsicht zu der Überzeugung, daß evangelisches und katholisches Christentum mehr verbinde als trenne.

Schließlich fragt er – die klassischen Schuldzuweisungen des 16. Jahrhunderts einmal zur Seite schiebend – wie Gott die dramatische Kirchenspaltung habe zulassen können. Rahner antwortet: Die Konkurrenz verschiedener Bekenntnisse führe möglicherweise radikaler einzelne Grundwahrheiten des Christentums vor Augen als ohne diese gegenseitige Infragestellung. Gleichzeitig besteht Rahner auf der Verpflichtung, sich nach allen Kräften um eine sichtbare, kirchliche Einheit im Glauben zu bemühen. Er selbst hat sich diesem ökumenischen Anliegen stets verpflichtet gewußt (siehe S. 61 f.).

Im *Grundkurs* kommt Rahner ebenso auf die Rolle des Lehramtes zu sprechen, das die Bischöfe zusammen mit dem Papst ausüben. Daß es ein Lehramt in der Kirche gibt, führt Rahner auf Christus selbst zurück: darauf, daß Jesus der Höhepunkt der Heilsgeschichte ist und dieser geschichtlich greifbare Höhepunkt auch in der weiteren Geschichte gegenwärtig bleiben muß. Könnte menschlicher Irrtum den unbesiegbaren Höhepunkt der Heilsgeschichte besiegen, so hätte sich eine wahrhaft göttliche, d. h. endgültige und siegreiche, Offenbarung in der Geschichte niemals ereignet. Auch die evangelische Christenheit muß nach Rahner davon ausgehen, daß die Kirche als ganze in der einen Wahrheit Jesu bleibt. Indem die evangelischen Kirchen die altkirchlichen Konzilien anerkennen (insgesamt acht, die u. a. das Glaubensbekenntnis formulierten), würden sie faktisch auch die Lehrautorität dieser Konzilien anerkennen und damit an sich auch die Lehrautorität der Bischöfe und Päpste. Bischöfe und Päpste wurden damals wie heute als Repräsentanten der Kirche verstanden, die in der unfehlbaren Wahrheit Christi bleibt. Zudem teilte man damals die Überzeugung – und *muß* sie genauso für die jeweilige Gegenwart der Kirche teilen, daß sich diese Wahrheit auch in menschlicher Sprache darstellen läßt. Jedoch räumt Rahner ein, daß die evangelische Christenheit heute letztverbindliche Äußerungen des Lehramtes innerhalb ihrer eigenen Reihen ablehne, sosehr man auch sogenannte „Lehrzuchtverfahren" kenne.

Die auf dem Ersten Vatikanischen Konzil 1870 dogmatisierte Unfehlbarkeit des Papstes, die dem Papst freilich nicht als Privatperson zukommt, versteht Rahner als nachträgliche Formalisierung dafür, daß die Kirche in der Wahrheit Jesu bleibt und dies in besonderen Fällen, bei der Definition eines Dogmas, „handgreiflich" werden kann.

Rahner macht deutlich, daß durch ein neues Dogma dem Glauben nichts hinzugefügt, sondern nur ein bestimmter Aspekt des kirchlichen Glaubens deutlicher herausgestellt wird, um etwa mögliche Mißverständnisse abzuwehren.

In der Regel spricht der Papst aber nicht kraft höchster Lehrautorität wie im Fall der Definition eines Dogmas, sondern in Ausübung seines authentischen Lehramtes, z. B. durch die Veröffentlichung einer Enzyklika. Die Aussagen einer Enzyklika sind grundsätzlich veränderbar, was die Aussagen jedoch nicht abwertet. Sie legen in wichtigen Fragen für einen nicht von vornherein begrenzten, sondern unabsehbaren Zeitraum in authentischer Weise den Glauben aus. Ihre Aussagen können gegebenfalls zu einem späteren Zeitpunkt auch als ausdrückliches Dogma definiert werden.

Demokratische Einwände gegen die Lehrautorität des Papstes weist Rahner zurück: Der Papst übe diese Autorität nie nach eigenem Gutdünken aus. Er repräsentiere die Wahrheit und Unfehlbarkeit der Kirche, zusammen mit dem Kollegium der Bischöfe, und sei nur im Rahmen des vorgegebenen kirchlichen Glaubens mit dem Charisma der Unfehlbarkeit ausgestattet. Demokratische, menschliche Entscheidungen können, so Rahner, einzelne Inhalte des Glaubens niemals herstellen. Er hebt hervor, daß der Glaube eine Gabe des Geistes an die Kirche sei, die durch diese Gabe in der Wahrheit gehalten wird, so daß die Wahrheit in der Kirche auch nicht zu- oder abnimmt, wenn ihr viele oder eher weniger Menschen zustimmen. Daß sich durch den an sich fehlbaren Menschen hindurch die unfehlbare göttliche Wahrheit Christi zur Darstellung bringen kann, gründet, nochmals gesagt, in der geschichtlichen Endgültigkeit und „Sieghaftigkeit" dieser Wahrheit selbst, was die prinzipielle Offenheit des Menschen für die sich offenbarende Wahrheit Gottes genauso einschließt wie die durch diese Offenbarung selbst bewirkte Befähigung des Menschen, sie zu erkennen.

Die Unfehlbarkeit der Kirche drückt sich für Rahner ebenso in der objektiven Wirkweise der *Sakramente* aus. Denn diese wirken nicht kraft der Heiligkeit des Sakramentenspenders, sondern wirken unfehlbar kraft der siegreichen Gnade Christi.

Lesenswert sind Rahners theologische Meditationen über die sieben ***Sakramente***: KARL RAHNER, Die siebenfältige Gabe. *Über die Sakramente der Kirche*, 1974.

Freilich stellt Rahner heraus, daß die *Sakramente* ihre Wirkung nur in dem Menschen zur Entfaltung bringen, der sie im Glauben annimmt. Ein magisches Mißverständnis der Sakramente sieht Rahner durch die in Gott gründende objektive Wirkweise ausgeschlossen. In der Magie hingegen meint der Mensch, auf Gott oder Götter hin handeln und himmlische Macht beeinflussen zu können.

Grundsätzlich begreift Rahner die Sakramente der Kirche als Zeichen des gott-menschlichen Dialogs, der im Gottmenschen Jesus Christus seinen Ursprung hat und sich in der gottmenschlichen Einrichtung der Kirche fortsetzt. Die verschiedenen Sakramente (Taufe, Firmung, Eucharistie, Buße, Krankensalbung, Weihe, Ehe) gelten bestimmten Lebenssituationen des Menschen, an welchen sich Gottes Selbstzusage im Zeichen verdichten soll. Die Krankensalbung z. B. spricht dem Menschen – vermittelt durch die kirchliche Gemeinschaft – Gottes Nähe in einer Situation zu, die den Menschen auf sich zurückwirft und vereinsamt.

Der gesellschaftliche Auftrag der Kirche

Die kirchliche Darstellung und Vermittlung des in Jesus offenbargewordenen Heils hat für Rahner immer auch eine gesellschaftlich relevante Dimension. Wie Kirche zur Offenbarung gehört, so gehört auch eine gesellschaftspolitische Dimension zum Wesen der Kirche. Für die Anliegen der Befreiungstheologie in Lateinamerika und der Politischen Theologie in Europa, die besonders sein Schüler Johann Baptist Metz entwickelte, hatte Rahner ein offenes Ohr.

Vgl. **Johann Baptist Metz**, *Glaube in Geschichte und Gegenwart*, 2. Aufl. 1978.

Befreiungstheologie und Politische Theologie begreift Rahner nicht als Politisierungen des Evangeliums oder als besserwisserische Einmischung der Kirche in die Angelegenheiten von Staat und Gesellschaft. Er sieht in ihnen eine Möglichkeit, klar herauszuarbeiten, daß das Heil nicht ausschließlich eine private Größe darstellt und sich auch nicht in einer rein vertikal-spirituellen Dimension erschöpft. Wenn sich die Offenbarung an den Menschen richtet, der ein Gemeinschafts- und Gesellschaftswesen ist, dann müssen Kirche und Theologie stets die gesellschaftliche Bedeutung ihrer Aussagen über das Heilsangebot Gottes bedenken. Jesu Reich-Gottes-Praxis – zugunsten der Armen, Kranken, Sünder und Ausgestoßenen – zeige, daß Heil eine leiblich-gesellschaftliche Seite hat. Die Pflicht des Christen sei es daher, die Welt nach christlichen Prinzipen zu verändern. Die Kirche habe einen Beitrag zur Humanisierung der Gesellschaft zu leisten. Andererseits hebt Rahner hervor, daß es dabei nicht nur um eine rein horizontal-irdische Verbesserung der Lebensverhältnisse gehe; er sagt, daß „es einen radikalen Horizontalismus als wahre Interpretation des Christentums nicht gibt“ (Schriften, Bd. 10, S. 570). Die vertikale, auf Gottes Heilszusage bezogene Ausrichtung ist Rahner zufolge grundlegend für die gesellschaftskritische und soziale Aktivität der Kirche. Denn das konkrete Leben bleibe ambivalent, in das Zwielicht von Größe und Elend getaucht, so daß die Versöhnung mit Gott am Anfang jeder Befreiung von gesellschaftlichen Übeln stehen muß.

Aus der Versöhnung mit Gott folge deren Umsetzung im zwischenmenschlichen Kontext, als eine Art Vorwegnahme der ewigen Vollendung (Rahner im Gespräch 2, S. 111 f.). Weil aber Versöhnung möglich ist und der Christ durch die Taufe die Kraft erhält, gegen die Folgen der Erbsünde und Sünde zu kämpfen, könne der Hinweis auf die erbsündliche Gebrochenheit des Menschen eben auch nicht dazu mißbraucht werden, von vornherein jeden Einsatz für eine gerechtere Welt als letztendlich vergeblich und sinnlos zu disqualifizieren. Vor allem unter Christen sollte man zu einer Praxis kommen, die auf gesellschaftliche Problemsituationen eine Antwort gibt. Das wirtschaftliche Nord-Süd-Gefälle auf der Erdkugel stellt für Rahner beispielsweise einen Skandal dar, den man nicht einfach hinnehmen dürfe. Den Hinweis, an dieser ungerechten Verteilung der Güter der Erde könne man als einzelner doch nichts ändern, oder auch den Verweis auf die erbsündliche Gebrochenheit des Menschen läßt Rahner nicht gelten. Ein Christ – auch der, der mit der Macht der Sünde in der Welt rechnet – müsse hier immer nach besseren Lösungen suchen. Rahner beschwört in diesem Zusammenhang die Unfähigkeit der Kirche zur Armut, weil sich auf der Nordhalbkugel der Erde viele Christen ebensowenig zu einem bescheideneren Lebensstil durchringen könnten wie kirchliche Amtsträger. Die Kirche unterscheide sich über weite Strecken nicht klar genug von der Unfähigkeit in der westlichen Gesellschaft, eine Wende in der Wirtschafts- und Entwicklungspolitik zugunsten des armen Südens herbeizuführen.

Vgl. Schriften, Bd. 10, S. 529: „... der gegen den Kapitalismus und Imperialismus zu Felde ziehende Student macht doch seine Ferienreise nach Tunis; der Theologieprofessor findet es ganz in Ordnung, ein eigenes Haus für seine tiefen Studien zu besitzen (oder unter Umständen auch zwei)."

Unter bestimmten Umständen verteidigt Rahner das Recht auf revolutionäre Veränderungen. Zerstören Machthaber menschliches Leben durch Ausbeutung und Mord, treten sie die Grundrechte des Menschen mit Füßen, so ist es für Rahner vom Christentum her möglich, mitunter gefordert, revolutionäre Wege der Veränderung zu gehen, die auch Gewaltanwendung als letztes Mittel nicht grundsätzlich ausschließen müssen. Freilich formuliert Rahner hier vorsichtig.

Aus der Tatsache, daß sich die christliche Moraltheologie wie das Lehramt – unter ganz bestimmten Voraussetzungen – für die Erlaubtheit des Tyrannenmordes ausspricht, folge nun gerade nicht das Recht, unsoziale gesellschaftliche Verhältnisse stets mit dem Gewehr in der Hand zu lösen. Rahner schätzt die Mittel des gewaltlosen Widerstandes. Und die Aufgabe einer Theologie der Revolution reduziert er nicht auf eine „linksradikale" Pragmatik. Für ihn muß der Christ der „permanente Revolutionär" sein, der mit allen ihm zur Verfügung stehenden und sittlich erlaubten Mitteln darum kämpft, daß soziale Verwerfungen – welcher Art auch immer – abgebaut werden. Dieser Weltauftrag des Christen sei Teil von dessen Heilsauftrag (Schriften, Bd. 10, S. 568–586).
Die von Rahner niemals vergessene vertikal-theologische Dimension der sozialen Befreiung des Menschen wurde von manchem Befreiungstheologen, der sich auch auf Rahners Theologie stützte, zu sehr vernachlässigt, wodurch nicht nur Rahners Überlegungen, sondern auch die Anliegen der Befreiungstheologie insgesamt in ein horizontalistisches Fahrwasser geraten konnten. Es drängte sich der Verdacht auf, die Theologie solle in den Koordinaten einer sozialistisch-marxistischen Weltanschauung politisiert und auf bloße Gesellschaftskritik reduziert werden. Diesem Trend zog Rahner klare Grenzen. Er wehrt sich dagegen, die grundlegende Einheit von Gottes- und Nächstenliebe in eine rein vertikale oder in eine rein horizontale Richtung aufzulösen (Schriften, Bd. 9, S. 578–581, Bd. 6, S. 277–298, Strukturwandel in der Kirche, S. 131).

Die Eschatologie: Himmel, Hölle, Fegfeuer - und ewig bleibt der Menschgewordene

Der *Grundkurs des Glaubens* endet – wie könnte es anders sein – mit dem Ende: mit der *Eschatologie*, d. h. mit der Lehre vom Letzten (= griech. *eschaton*), von den letzten Dingen: Wiederkunft Christi, Jüngstes Gericht, Himmel, Hölle, Fegfeuer.

Zuerst klärt Rahner über den leicht mißzuverstehenden Bildcharakter der biblischen Aussagen über die *eschata*, die letzten Dinge, auf. Weder Jesus selbst noch die Heilige Schrift wollen zu einer religiösen Reise in eine detailliert geschilderte Zukunft oder ins Jenseits einladen. Vielmehr entfalten diese Bilder die Endgültigkeit des Heils in Jesus auf die Zukunft hin, auf die jeder Mensch sein Leben entwirft, auf die damit nicht weniger die Menschheit als ganze bezogen ist. Diese Zukunft kennt das Ende: das Endgültigwerden des Lebens, das der Mensch kraft seiner Freiheit und im Bezug zur gesamten Menschheit gestaltet. Mit seiner Freiheit bezieht jeder Mensch ausdrücklich oder implizit Stellung zum Heilsangebot Gottes, die im Tod definitiv wird.

Ein Leben, das im Ja zu Gottes Selbstangebot gestaltet wurde, vollendet sich in diesem Ja, in der Gemeinschaft mit Gott. Die Rede vom Himmel bringt dies zum Ausdruck. Hölle bezeichnet nach Rahner die menschliche Freiheit, die Gottes Zuwendung ablehnt. Er unterstreicht, daß Himmel und Hölle nicht zwei gleichwertig sich gegenüberstehende Größen darstellen. Der Himmel ist mit Jesu Himmelfahrt, der Aufnahme Marias in den Himmel und mit der Gemeinschaft der Heiligen volle *Wirklichkeit*. Die Hölle hingegen bleibt eine *Möglichkeit* des Menschen; er kann sich gegen Gottes Liebe entscheiden, definitiv. Ob irgendein Mensch diese Entscheidung getroffen hat, auch noch im letzten Moment seines Todes – die Antwort auf diese Frage möchte Rahner offen lassen. Es bestehe keine

Notwendigkeit, sie im Sinne einer Behauptung der Wirklichkeit der Hölle aufzulösen.

Im Bild des Fegfeuers sieht Rahner eine Illustration der Einsicht, daß die Grundentscheidung des Menschen für Gottes Offenbarung mannigfaltigen Unklarheiten in der Lebensführung ausgesetzt ist. Deswegen könne ein – an sich zeitlos zu denkendes – Nachreifen in der eschatologischen Begegnung mit Gott durchaus sinnvoll angenommen werden.

Daß das ewige Leben keine bloß utopische Illusion darstellt, möchte Rahner wiederum an transzendentalen Erfahrungen erhärten: Entscheidungen, die der Menschen trifft, sind Taten, durch die Zeit verendgültigt wird; hier beginnt die Ewigkeit als Verendgültigung der Zeit. Die Entscheidung zu unbedingter Treue führt Rahner als Beispiel an, an dem deutlich wird, wie eine Freiheitstat in der Zeit Ewigkeit anheben läßt: Genau dann, wenn Treue sogar über den Tod hinausgewagt wird. Oder: wenn der Mensch etwas tut, von dem er weiß, daß es zu tun ist, weil er nur so der Gerechtigkeit gerecht zu werden vermag, auch unter Einsatz seines Lebens, dann trägt der Mensch in sein Leben Endgültiges und Ewiges hinein, das die Zeit in sich vollendend aufhebt.

Das Tun des Richtigen oder das Stehen zu einer unbedingten Treue wecken im Menschen zugleich eine tiefe Zufriedenheit und eine stille Freude. Diese Indizien nennt Rahner, um dem heutigen Menschen verständlich zu machen, daß die Ewigkeit in ersten Vollendungserfahrungen bereits zu unserem zeitlichen Leben gehört.

Sollte mit dem Tod alles aus sein, könnte man weder sinnvoll die genannten Entscheidungen treffen, noch wären sie mit diesen Erfahrungen tiefer Zufriedenheit verbunden: mit den Anzeichen ewiger Vollendung.

Rahner argumentiert gegen die naive Vorstellung an, daß sich die Ewigkeit in einem bloßen Weitergehen dieses Lebens erschöpfen könnte. Das mit den Freiheitsentscheidungen verbundene Endgültigwerden des Lebens hätte unter dieser Voraussetzung keinen Sinn mehr. Eine wie auch immer näher ausgedachte Verlängerung dieser Zeit ins Endlose löst den

Sinn der in der Gegenwart getroffenen Entscheidungen auf, nimmt ihnen ihre Endgültigkeit. Alles könnte man auch noch später oder in einem anderen Leben tun. Warum unbedingt jetzt? Diesen Widersprüchen entnimmt Rahner den Schluß, daß das menschliche Leben seinen Sinn allein dann behält, wenn man eine Verendgültigung und Verewigung dieses Lebens annimmt.

Vorstellungen von Seelenwanderung und Wiedergeburt erübrigen sich für Rahner damit ebenso. Er gibt zu bedenken, daß es schließlich auch dem Buddhisten darum gehe, aus dem Kreislauf der Geburten auszubrechen, um „endgültig" zu werden. Der Christ habe seine jetzige Lebenszeit ernst zu nehmen; diese soll sich in Endgültigkeit hinein vollenden. Deshalb könne es nicht darum gehen, das jetzige Leben durch die Aussicht billiger zu machen, daß, falls dieses Leben schiefgeht, in einem weiteren Leben eine neue Gelegenheit gegeben werde, es endlich besser zu machen (Rahner im Gespräch 2, S. 277).

Wenn sich nach klassisch-thomistischer Vorstellung im Tod die Seele vom Körper trennt, also von der Materie, die die Seele zu ihrem Leib formte, dann werde die Seele auch nicht einfach „akosmisch", also völlig welt- und geschichtslos. Im Tod werde die Seele hingegen „allkosmisch"; sie trete ein in einen Bezug zum ganzen Kosmos und zur Menschheitsgeschichte, deren Evolution, von Gott getragen, auf ein stets wachsendes Ineinander von Geist und Materie hinauslaufe. Der Glaube an die Auferstehung des Fleisches besagt das Zuendekommen dieses Prozesses für den einzelnen Menschen. Weil der Mensch nach dem Tod dem Schicksal der Welt verbunden bleibt, ist auch ein Gebet für Verstorbene und die Bitte um ihre Fürsprache höchst sinnvoll (Schriften, Bd. 2, S. 220 ff.).

KARL RAHNER, *Zur Theologie des Todes* (Quaestiones disputatae 5), 4. Auflage 1963, S. 22.

Aufgrund der Verflochtenheit aller Menschen miteinander muß die Ewigkeit des Menschen einen kollektiven Aspekt haben. Wer der einzelne ist, ergibt sich erst endgültig aus seiner Stellung in der einen Menschheitsgeschichte. Zum

Endgültigwerden des individuellen Lebens gehört die Vollendung der Geschichte aller Menschen. Die biblischen Vorstellungen vom Weltende, von der Wiederkunft Christi und vom Jüngsten Gericht bringen diese die ganze Menschheit betreffende Vollendung zum Ausdruck. Wie man jenseits der Todes- und Zeitschwelle den individuellen und kollektiven Aspekt der ewigen Vollendung des einzelnen Menschen bei gleichzeitig weiterlaufender Geschichte der Menschheit zusammendenken kann, stellt eine theologische Schwierigkeit dar. Doch keinen Aspekt darf man nach Rahner zur Lösung dieser Schwierigkeit opfern. Auch der materielle Kosmos muß an der definitiven Vollendung teilhaben: durch den Menschen hindurch.

Mehrfach führt Rahner vor Augen, daß die ewige, beseligende Anschauung Gottes bleibend vermittelt ist durch die verklärte und verherrlichte Menschheit Jesu. Das Wort Jesu nach Johannes „Wer mich gesehen hat, hat den Vater gesehen" (Joh 14,9) bleibt wahr. „Man sieht in Ewigkeit den Vater nur durch ihn hindurch." Der verherrlichte Christus ist „die dauernde Offenheit unserer Endlichkeit auf den lebendigen Gott" hin. „... man kann nicht Christ sein, ohne dauernd in der Bewegung des Geistes im Hl. Geist durch die Menschheit Christi hindurchzugehen" in die Gemeinschaft mit Gott, dem Vater, hinein (Schriften Bd. 3, S. 57, 60).

Über Rahner zu Rahner

Die von KARL HEINZ NEUFELD verfaßte, 1994 erschienene Doppelbiographie *Die Brüder Rahner.* (Kurztitel = **Neufeld**), ist jedem zu empfehlen, der sich ein genaues Lebensbild von Karl Rahner machen möchte. Bewußt verzichtet Neufeld auf eine Darlegung der Theologie Rahners.

Zur Einführung in Leben und Werk Rahners ist zu empfehlen das von HERBERT VORGRIMLER verfaßte Buch: *Karl Rahner verstehen. Eine Einführung in sein Leben und Denken,* 1988 (Kurztitel = **Vorgrimler**).

Besonders zu erwähnen ist das mit Photographien ausgestattete und einzelne biographische Kurzbeiträge vieler Weggefährten Rahners enthaltene Buch *Karl Rahner. Bilder eines Lebens,* hrsg. v. Paul Imhof u. Hubert Biallowons, 1985. (Kurztitel = **Imhof**).

Einen Überblick über das Leben, aber vor allem über das theologische Werk Rahners geben:
KARL HEINZ WEGER, *Karl Rahner. Eine Einführung in sein theologisches Denken,* 1978.

KARL LEHMANN, *Einführung: Karl Rahner. Ein Porträt, in: Rechenschaft des Glaubens. Karl-Rahner-Lesebuch,* hrsg. v. Karl Lehmann u. Albert Raffelt, 1979, S. 13*–53* (Kurztitel = **Lehmann, Porträt**).

BERND JOCHEN HILBERATH, *Karl Rahner. Gottgeheimnis Mensch,* 1995.
ALBERT RAFFELT/HANSJÜRGEN VERWEYEN, *Karl Rahner,* 1997.

Mit Rahner zu Rahner

Wissenswertes über Rahners Leben und Werk bieten die publizierten Interviews. Sie sind überdies leicht zu lesen und erhellen manch komplexes theologische Thema in einfacher Form.

KARL RAHNER. *Im Gespräch.* Band 1: 1964–1977, Band 2: 1978–1982, hrsg. v. Paul Imhof u. Hubert Biallowons, 1982 u. 1983 (Kurztitel = **Rahner im Gespräch 1/2)**.

KARL RAHNER, *Erinnerungen. Im Gespräch mit Meinhold Krauss,* 1984 (Kurztitel = **Erinnerungen**).

KARL RAHNER. *Bekenntnisse, Rückblick auf 80 Jahre,* hrsg. v. Georg Sporschill SJ, 2. Auflage 1984 (Kurztitel = **Bekenntnisse**).

Karl Rahner, *Glaube in winterlicher Zeit. Gespräche mit Karl Rahner aus den letzten Lebensjahren*, hrsg. v. Paul Imhof u. Hubert Biallowons, 1986 (Kurztitel = **Glaube**).

In der Nähe zum Stil des Interviews bewegt sich der Briefwechsel zwischen Jugendlichen und Rahner über zentrale theologische Themen: *Mein Problem. Karl Rahner antwortet jungen Menschen*, 8. Auflage 1985.

Als eine Art Vermächtnis kann man Rahners Vortrag *Erfahrungen eines katholischen Theologen* betrachten, den er anläßlich der Akademieveranstaltung in Freiburg zu seinem 80. Geburtstag, sechs Wochen vor seinem Tod hielt, in: *Vor dem Geheimnis Gottes den Menschen verstehen. Karl Rahner zum 80. Geburtstag*, hrsg. v. Karl Lehmann, 1984, S. 105–119.

Eine ausgezeichnete Hilfe, um sich einen Überblick über die vielfältigen Themen der geistlichen und theologischen Schriften Rahners zu verschaffen, ist das bereits erwähnte, von Karl Lehmann und Albert Raffelt unter dem Titel *Rechenschaft des Glaubens* herausgegebene *Karl-Rahner-Lesebuch*, 1979 (Kurztitel = **Rechenschaft**).

Rahner selbst – philosophisch, theologisch

Wer mitten in das philosophische und theologische Denken Rahners hineinspringen und umfassend kennenlernen möchte, sollte lesen: *Der Grundkurs des Glaubens. Einführung in den Begriff des Christentums*, 1976 (Kurztitel = **Grundkurs**).

Wenn man bei der Lektüre auf Unverständliches stößt, empfiehlt es sich, im *Kleinen Theologischen Wörterbuch* nachzuschlagen, das Karl Rahner mit seinem Schüler Herbert Vorgrimler verfaßte und liebevoll „Lexikönchen" nannte (11. Auflage 1978). Eine Hilfe bietet auch das von Max Müller und Alois Hader herausgegebene *Kleine Philosophische Wörterbuch* (6. Auflage 1977), das Rahner und Vorgrimler zur Orientierung bei der Abfassung des „Lexikönchens" diente. Viele philosophische Fachbegriffe, die Rahner verwendet, werden in diesem Lexikon erläutert.

Zu erwähnen sind natürlich die 16 Bände von Rahners *Schriften zur Theologie* (1954–1984; Kurztitel = **Schriften**).

Man wird sie wohl als großen Steinbruch betrachten dürfen, in dem man immer wieder fündig werden kann, um für geistliche und theologische Fragen der Gegenwart mit Rahners Hilfe Antworten zu formulieren.
Seit 1995 erfolgt eine umfassende, kritische Neuausgabe der Schriften RAHNERS unter der Herausgeberschaft von Karl Lehmann, Karl Heinz Neufeld, Johann Baptist Metz, Albert Raffelt und Herbert Vorgrimler, Titel: *Sämtliche Werke* (Kurztitel = **Werke**).
Dank entsprechender Markierungen im Text bzw. parallelen Abdrucks kann man sich jetzt z. B. einen Überblick verschaffen über die ursprüngliche Fassung von *Geist in Welt* (**Werke 2**) und *Hörer des Wortes* (**Werke 4**) und die jeweiligen Bearbeitungen von Johann Baptist Metz.

Für die ökumenische Seite des theologischen Denkens Rahners ist zweifellos wichtig die mit Heinrich Fries zusammen verfaßte Schrift *Einigung der Kirchen* – reale Möglichkeit (Quaestiones disputatae 100) 1983, 1986 (Sonderausgabe mit einer Bilanz „Zustimmung und Kritik" (Kurztitel = **Einigung**).

Weitere theologische Arbeiten RAHNERS, die in diesem Buch erwähnt wurden: *Theologische und philosophische Zeitfragen im katholischen Raum* (1943), hrsg., eingel. u. komm. v. Hubert Wolf, 1994 (Kurztitel = **Wolf**).

Der dreifaltige Gott als transzendenter Urgrund der Heilsgeschichte, in: Mysterium Salutis, Bd. 2, hrsg. v. Johannes Feiner u. Magnus Löhner, 1967, S. 317–401 (Kurztitel = **Der dreifaltige Gott**).

Zum Problem der Unfehlbarkeit. Antworten auf die Anfrage von Hans Küng, hrsg. v. Karl Rahner, 1971, besonders S. 9–70

Herders Theologisches Taschenlexikon in acht Bänden, hrsg. v. Karl Rahner, 8 Bände, 1972 (Kurztitel = **Taschenlexikon**).

Karl Rahner – geistlich, spirituell

Warum uns das Beten not tut (erster gedruckter Text von 1924), in: KARL RAHNER, *Sehnsucht nach dem geheimnisvollen Gott, Profil – Bilder – Texte*, hrsg. v. Herbert Vorgrimler, 1990, 77–80.

Berühmtheit haben die Gebetstexte von KARL und HUGO RAHNER erlangt: *Worte ins Schweigen – Gebete der Einkehr*, 4. Auflage 1977 (Kurztitel = **Worte**).
Von der Not und dem Segen des Gebetes, 1958.

Wichtige Gebetstexte sind zusammengestellt in dem von Albert Raffelt herausgegebenen und von Karl Lehmann mit einer Einführung versehenen Buch KARL RAHNER, *Gebete des Lebens*, 1984.

Geistliche Theologie entfaltet Rahner in den Büchern *Einübung priesterlicher Existenz*, 2. Aufl., 1971 (Kurztitel = **Einübung**) und

KARL RAHNERS, *Kleines Kirchenjahr*, 1954.

Weitere, für das Kirchenjahr relevante Texte stellte Albert Raffelt zusammen in KARL RAHNER, *Das große Kirchenjahr. Geistliche Texte*, 1987.

Auswahl sonst zitierter Literatur

HANS URS VON BALTHASAR, *Rezension von Karl Rahner, Geist in Welt* der Zeitschrift für katholische Theologie 63 (1939) S. 371–379 (Kurztitel = **Balthasar, Rez. Rahner**).

HANS URS VON BALTHASAR, *Cordula oder der Ernstfall*, 4. Auflage 1987 (Kurztitel = **Balthasar, Cordula**).

KARL LEHMANN, *Einführung*, in: *Vor dem Geheimnis Gottes den Menschen verstehen, Karl Rahner zum 80. Geburtstag*, hrsg. v. Karl Lehmann, 1984, S. 6–9 (Kurztitel = **Lehmann, Einführung**).

MICHAEL SCHULZ, *Sein und Trinität. Systematische Erörterungen zur Religionsphilosophie G. W. F. Hegels im ontologiegeschichtlichen Rückblick auf J. Duns Scotus und I. Kant und die Hegel-Rezeption in der Seinsauslegung und Trinitätstheologie bei W. Pannenberg, E. Jüngel, K. Rahner und H. U. v. Balthasar*, 1997 (Kurztitel = **Schulz**).

Zu weiteren Literaturangaben über Rahners Veröffentlichungen und die umfangreiche wissenschaftliche Aufarbeitung und Kritik seines Werkes siehe bei:
HILBERATH, *Karl Rahner*, 230–235, und RAFFELT/VERWEYEN, *Karl Rahner*, 135 f., die auf S. 197 genannt wurden.